KB202305

곱
더하기
기

십자가

더하기 십자가
곱하기 십자가

초판 1쇄 발행 2016년 12월 3일

지은이   이민교
펴낸이   이미라
편집책임   기록문화
본문 및 표지 디자인 생기
펴낸곳   도서출판 사도행전
주소   서울시 강남구 개포로 24길 36, 103호
전화   02) 1899-3842
이메일   sonkorea38@gmail.com
카톡아이디   sonkorea
등록번호   465-95-00163
공급처   (주)비전북 031-907-3927

ISBN 979-11-958016-1-9 03230

더 곱하기 십자가

이민교 지음

출판 사도행전

조동진 ｜ 민족통일에스라운동협의회 설립자

나의 사랑하는 이민교 선교사는 소록도 한센 환우들의 삶과 주검 속에서 십자가의 예수를 만났습니다. 중앙아시아 우즈베키스탄과 카자흐스탄에서 장애인을 위한 선교사로 일하며 농아축구팀 국가대표 감독이 되었습니다. 그 후 북조선 장애인축구단을 조직하는 데 참여하여 장애인을 위한 활동을 통해 민족 통일의 길을 닦고 있습니다. 이민교 선교사가 이번에 펴내는 책은 시작부터 끝까지 십자가에 대한 새로운 시각으로 가득 차 있습니다. 선교와 민족 통일을 열망하는 모든 그리스도인들이 이 책을 반드시 읽어 볼 것을 추천합니다.

황성주 ｜ 이롬 회장, Global Blessing 이사장

오래 전에 중앙아시아 땅에서 만난 이민교 선교사는 하나님을 사랑하고 이웃을 사랑하는 삶의 중심에서 장애인들과 공동체를 일구어 살아내고 있었습니다. 이민교 선교사는 독특한 사명자요 특별한 십자가를 짊어진 분입니다. 아무도 흉내 낼 수 없는 일을, 아무도 따라할 수 없는 방법으로 사역하는 분입니다. 이 책은 이민교 선교사만이 할 수 있는 역설적인 메시지와 주옥같은 단상으로 구성되어 있습니다. 이 책을 통해 모든 사역자들과 성도들이 자기를 부인하고 자기 십자가를 지고 예수를 따라가는 곱하기 십자가의 패러다임을 붙들고 은혜 받는 기회가 되길 바라며 이 책을 추천합니다.

김영욱 ｜ 아세아연합신학대학교 총장

이민교 선교사는 회심한 바울과 같이 하나님의 은혜로 하나님의 도구가 된 사람입니다. 특별히 소록도 한센 환우들의 복음전도로 예수님을 받아들인 그는 성경과 씨름한 후에 영적인 어두움에서 가장 밝은 곳으로, 거듭남의 영적인 축복으로 하나님의 자녀가 되었습니다. 그 후에 광야생활을 거쳐 선교사가 되어 우즈베키스탄, 카자흐스탄, 지금은 북한까지 오직 예수 그리스도 복음을 전하기 위한 하나님의 부르심에 응답합니다. 그가 집필한 이번 책은 머릿속에 이론적으로 알고 있는 십자가가 아닌 그의 경험에서 녹여 낸 십자가의 삶을 잘 표현해 놓았습니다. 이 책을 읽는 자마다 우리의 마음 가운데 예수 그리스도의 십자가가 다시금 뜨겁게 불타오르기를 소망합니다. 십자가의 사랑으로 목회와 선교를 준비하는 모든 분들에게 이 책을 추천합니다.

김인중 | GP선교회 한국 이사장, 안산동산교회 원로목사

이번에 이민교 선교사님이 쓰신 『더하기 십자가 곱하기 십자가』가 하나님을 사랑하고 사람을 사랑하는 길을 잃어버리고 방황하는 사람들에게 살아계신 하나님을 만나게 하는 징검다리가 되리라 믿습니다. 동시에 목회나 선교 현장에서 지쳐 있는 동역자들에게 다시 한 번 초심으로 돌아가 살아 계신 나의 아버지 하나님, 나의 구세주 예수님, 나와 동행하시는 성령 하나님을 경험하는 오병이어와 같은 영혼의 양식이 되리라 믿습니다. 십자가의 첫사랑이 회복되기를 원하는 그리스도인들에게 이 책을 추천합니다.

김정명 | 은현교회 원로목사, 사단법인 하나누리 이사장

이민교 선교사는 은현교회 전도사로 있을 때부터 장애인들의 친구로 이리저리 뛰어 다녔습니다. 그는 예수님의 부탁대로 하나님을 사랑하고 이웃을 사랑하는 사람으로 온전해지려고 몸부림치던 중에 '더하기 십자가'를 가슴에 품고 뒹굴고 또 뒹굴다가 '곱하기 십자가'를 만났습니다. 십자가를 통해서만 이 나라의 38년 된 중풍병이 치료될 수 있고, 십자가를 통해서만 서로를 원수가 아닌 사람으로 느낄 수 있고, 십자가를 통해서만 사랑과 평화로 변화될 수 있음을 깨달아 외치고 있습니다. 이 책을 통해 십자가의 대속의 은혜와 부활의 역사가 독자들의 가슴에서 시작하여 한라에서 백두까지 이어지기를 바라며 이 책을 추천합니다.

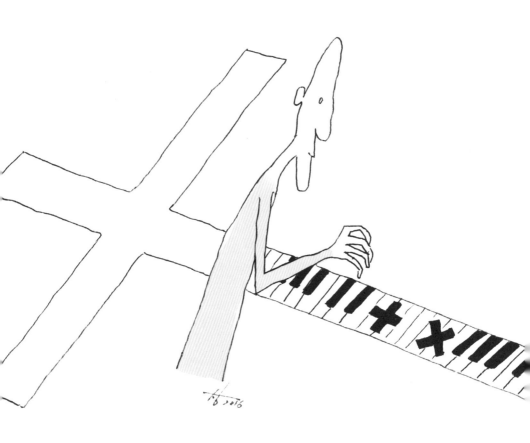

십자가

성경에는 두 개의 십자가가 있다.
하나는 예수가 짊어진 십자가이고
또 하나는 내가 짊어지고 예수를 따를 십자가다.

예수의 십자가를 통해 구속사적인 은혜가 있었다면
내가 짊어지고 가야 할 '나의 십자가'를 통해
'Kingdom Dream'
하나님 나라를 이 땅에 실현시켜야만 한다.

예수의 십자가를 더하기로 본다면
피 터지는 삶의 현장에서 내가 짊어지고 가는 십자가는
다른 사람들이 볼 때 더하기 십자가가 아닌,
곱하기 십자가로 보일 것이다.

예수를 통해 '내 삶 속에'
하나님의 사랑이 드러나야 하지 않을까 싶다.
이제 요한복음 3장 16절 말씀이
요한일서 3장 16절로 넘어가야 할 때가 된 것이다.

하나님이 세상을 이처럼 사랑하사 독생자를 주셨으니
이는 그를 믿는 자마다 멸망하지 않고 영생을 얻게 하려 하심이라(요 3:16).

그가 우리를 위하여 목숨을 버리셨으니 우리가 이로써 사랑을 알고
우리도 형제들을 위하여 목숨을 버리는 것이 마땅하니라(요일 3:16).

하나님이 사람으로 오셔서
십자가에서 피 흘려 죽으심으로
죄와 사망으로부터의 자유가 선포됨을 확실히 믿는다.
예수 십자가를 통해 오직 믿음으로 말미암아 구원받는
구속사적인 복음이 강조되고 있는 교회에서 이제는

하나님의 이름이,
하나님의 나라가,
하나님의 뜻이 하늘에서 이룬 것같이

땅에서도 이루어지도록 기도하는 것을 넘어
기도한 대로 살아가려고
오늘도 몸부림쳐 본다.

1 십자가는 하늘 작품이다

사진: 최건웅

된장국 십자가

십자가에서 된장국 냄새가 풍긴다는 것일까.
아니면 된장국에 십자가를 푹 담가 놓았다는 의미일까.
어떤 의미로 해석이 되든 상관은 없지만
사람들이 내가 전하는 십자가에 대하여
된장국 냄새가 나는 십자가 복음이라고 표현한다.

처음에는 좀 이상하게 들리기도 했지만
생각할수록 구수하고 그래서 침이 넘어가고
특별히 배가 고플 때면
밥상에 빨리 달려가 먹고 싶은 마음이다.

심령이 가난한 자
애통하는 자
온유한 자
의에 주리고 목마른 자
긍휼히 여기는 자
마음이 청결한 자
화평케 하는 자
의를 위하여 핍박을 받은 자

이러한 자들에게 된장국 냄새나는 십자가는
고통스럽게 짊어지는 것이 아니라
기쁨과 가벼움으로 함께하는

맛있는 천국 음식이지 않을까?

왜냐하면
죽음은 삶의 끝이 아니라
삶을 완성시켜 주는 마디가 되어
또 다른 차원으로 들어가는 문이기 때문이다.

제자와 증인

제자의 삶은 더하기 십자가이고
증인의 삶은 곱하기 십자가이다.

제자의 삶은 복음서에 있고
증인의 삶은 사도행전에 있다.

제자들은 하나님께서 보내신 예수를 믿었고
증인들은 예수를 그리스도라고 증거하는 일에 목숨을 걸었다.

제자들은 은혜 받으려고 예수를 믿었고
증인들은 죽으려고 예수를 믿었다.

오직 성령이 너희에게 임하시면 너희가 권능을 받고
예루살렘과 온 유대와 사마리아와 땅 끝까지 이르러 내 증인이 되리라(행 1:8).

더하기 십자가, 곱하기 십자가

나는 하나님의 임재를 법당에서 경험했다.
훗날 법당에 있는 '불상'을 가만히 쳐다보니까
'불상이 불쌍하구나' 이런 생각이 들었다.

어느 날
종탑 위에 걸려 있는 십자가의 모습이
빼기도 아니고
나누기도 아니고
더하기로 보이기 시작했다.

교회 꼭대기에 붙어 있는 '더하기'를 떼어
내가 짊어지면
그것은 곱하기가 된다.

누구든지 나를 따라오려거든 자기를 부인하고 자기 십자가를 지고
나를 따를 것이니라(마 16:24).

십자가의 두 길

어떤 종은 밖을 쳐서 안을 울리고
어떤 종은 안을 쳐서 밖을 울리고

조화롭게 만날 수 있는
두 가지의 종의 길

안으로의 길
밖으로의 길

하늘로부터 내려오는 길
하늘을 향해 올라가는 길

하나님이 찾아와 주신 은혜의 길
하나님의 필요를 채워야만 하는 자기 부인의 길

십자가는
두 가지의 길이다.

하나님을 사랑하는 길
이웃을 사랑하는 길.

십자가의 숨

목숨

누구든지 제 목숨을 구원코자 하면 잃을 것이요
누구든지 나를 위하여 제 목숨을 잃으면 찾으리라
사람이 만일 온 천하를 얻고도 제 목숨을 잃으면 무엇이 유익하리요
사람이 무엇을 주고 제 목숨을 바꾸겠느냐(마 16:25-26).

말숨

말씀이 육신이 되어 우리 가운데 거하시매
우리가 그 영광을 보니 아버지의 독생자의 영광이요
은혜와 진리가 충만하더라(요 1:14).

우숨

항상 기뻐하라
쉬지 말고 기도하라
범사에 감사하라
이것이 그리스도 안에서 너희를 향하신 하나님의 뜻이니라(살전 5:16-18).

사진: 최건웅

**농아들과
함께 나눈 십자가
이야기**

1. 십자가는 좁은 문이다(마 7:13-14)

좁은 문으로 들어가는 것은 잠시의 고통과 아픔 그리고 많은 것을 잃어버리는 것 같지만 그 길은 영원한 생명을 얻는 길이기에 세상 문 보다 더 쉽고 평탄한 길이다. 주님은 말씀하신다.

좁은 문으로 들어가라 멸망으로 인도하는 문은 크고 그 길이 넓어 그리로 들어가는 자가 많고 생명으로 인도하는 문은 좁고 길이 협착하여 찾는 이가 적음이라(마 7:13-14).

생명으로 인도하는 문은 좁다. 그러기에 살고 싶으면 좁은 문으로 들어가라. 그 구원으로 인도하는 좁은 문으로 들어가는 것이 바로 십자가의 길이다. 십자가는 좁은 문이다. 지금도 선교사들은 좁은 문으로 다니고 있다.

2. 십자가는 더하기다(마 7:12)

사랑은 빼기도 나누기도 곱하기도 아니다. 사랑 위에 사랑을 더 하는 것이 하나님이 선택한 사랑 방법이다. 주님은 말씀하신다.

서로 사랑하라 내가 너희를 사랑한 것같이 너희도 서로 사랑하라(요 13:34).

"서로 사랑하라"의 말씀이 앞뒤로 강조되면서 이것을 새 계명이라고 하신다. '더하기 십자가'는 다른 사람이 하나를 부탁하면 열 번 더 잘 해주는 것, 다른 사람을 풍성케 해주는 삶이 바로 예수님이 지신 십자가였다.

내가 온 것은 양으로 생명을 얻게 하고 더 풍성히 얻게 하려는 것이라(요 10:10).

그렇게 남을 살려 주는 더하기 십자가의 길은 예수님이 걸어가신 십자가의 삶이다.

3. 십자가는 없음(無, zero)이다(마 16:24-26)

전지전능하시고 무소부재하신 하나님, 어디나 무엇이나 다 알고 행하시는 하나님께서 피를 흘리기 위해 지신 십자가는 없음(無, zero)이다. 이미 태초부터 영으로 계셨다. 말씀이 육신이 되어 십자가를 지신 예수님은 권세와 능력을 모두 버리심으로 하나님의 뜻을 이루셨다. 주님은 말씀하신다.

그는 근본 하나님의 본체시나 하나님과 동등 됨을 취할 것으로 여기지 아니하시고 오히려 자기를 비어 종의 형체를 가지사 사람들과 같이 되셨고 사람의 모양으로 나타나사 자기를 낮추시고 죽기까지 복종하셨으니 곧 십자가에 죽으심이라(빌 2:6-7).

바로 우리의 생각이 끝날 때, 생각이 끝나는 자리가 하늘이 시작되는 자리임을 경험할 때, 그래서 영적 존재임을 사실로 경험할 때, 영(zero)이 될 때, 'I am nothing'이라고 고백할 때, 비로소 우리도 십자가의 길에 들어 설 수 있다.

누구든지 나를 따라오려거든 자기를 부인하고 자기 십자가를 지고 나를 따를 것이니라(마 16:24).

4. 십자가는 하늘중력이다(요 14:1-4)

사람들은 세상중력에 끌려 살고 있다. 땅에서 끌어당기는 힘에 의해 살고 있다. 서 있는 것보다 앉아 있는 것이 편하고, 앉아 있는 것보다 누워 있는 것이 편하다. "깨달았다"는 말은 내가 "하늘중력에 이끌려 산다"는 것을 아는 것이다.

예수의 십자가는
부메랑이 되어
지금도 필요한 곳으로
날아가고 있다.
이것이 나의 십자가를
짊어지고
예수를 따라가는
선교사의 길이다.

우리의 모든 것을 하늘중력에 이끌리는 삶으로 맡기는 것이 바로 십자가다. 주님은 말씀하신다.

아버지께서 이제까지 일하시니 나도 일한다(요 5:17).

하나님이신 예수님도 완전한 사람으로 이 땅에 살면서 세상중력이 아닌 하늘중력에 이끌림으로 사셨다. 내 생각이 아닌 아버지의 생각으로 사셨다. 바울도 고백한다.

우리의 시민권은 하늘에 있는지라 거기로서 구원하는 자 곧 주 예수 그리스도를 기다리노니(빌 3:20).

즉, 이 땅에 속하면서도 하늘중력으로, 성령에 이끌림을 받고 사는 삶인 것이다. 예수님은 그렇게 아버지와 하나가 되어 아버지의 일을 하러 오셔서 십자가를 지신 것이다. 십자가는 하늘중력이다(요 14:1-4).

5. 십자가는 부메랑이다(행 5:41-42)

사랑의 실천은 나를 떠남으로 그치는 것이 아니다. 뿌려진 씨앗은 열매가 되어 돌아오기에 우리는 날마다 세상을 향해 사랑의 부메랑을 던져야 한다. 예수님의 십자가는 일회적으로 끝나지 않았다. 부활의 증인들을 통해 부메랑이 되어 지금의 나에게까지 와 있다. 주님은 말씀하신다.

그들이 날마다 성전에 있든지 집에 있든지 예수는 그리스도라고 가르치기와 전도하기를 그치지 아니하니라(행 5:42).

믿음의 사람들은 전도하기를 쉬지 않았다. 핍박이 있어도 또 전도하고 끝없이 이어지는 선교의 행진을 하고 있다. 예수의 십자가는 부메랑이 되어 지금도 필요한 곳으로 날아가고 있다. 이것이 나의 십자가를 짊어지고 예수를 따라가

는 선교사의 길이다. 십자가는 부메랑이다(행 5:41-42).

6. 십자가는 하늘 작품이다(마 27:42)

상품은 참으로 많다. 공장에서 획일적으로 만들어 내는 물건들이 아무리 값이 비싸도 그것은 상품이다. 그러나 작품은 딱 하나다. 십자가는 하나님께서 우리에게 주신 가장 큰 작품이요 가장 위대한 사랑의 표시(sign)다. 하나님의 계획하심과 뜻하심 없이 만들어지는 작품은 하나도 없다. 하늘과 땅에 있는 그 모든 것들이 하나님의 작품이다. 주님은 말씀하신다.

제구시쯤에 예수께서 크게 소리 질러 이르시되 엘리 엘리 라마 사박다니 하시니 이는 곧 나의 하나님 나의 하나님, 어찌하여 나를 버리셨나이까 하는 뜻이라(마 27:46).

십자가 앞에서 예수님을 조롱하고 있던 사람들이 십자가에서 내려오라고 한다. 이 멍청한 사람들의 함성 속에서 예수님이 만약, 십자가에서 내려왔다면, 십자가는 상품이 될 것이다. 그러나 예수님은 충분히 내려오실 수 있었지만, 인류를 구원하기 위한 작품을 만들기 위해 내려오지 않으셨다. 십자가는 하나님이 사랑으로 계획하신 하나밖에 없는 작품이다. 십자가는 하늘 작품이다(마 27:42).

7. 십자가는 ' | '와 '—'의 더하기다(마 22:37-40)

하나님의 뜻을 알아차리지 못하면 나의 의를 앞세우게 된다. 마지막 시대에 하나님의 적그리스도는 인간의 휴머니즘이다. 하나님을 뒤로 하고 자신이 높아지는 것이다. 하나님보다 나의 착함을 더 자랑하는 것은 하나님과 원수 되는

십자가의 삶을 사는
우리들의 삶이
바로 하나님을
만나는 곳이 될 것이다.
십자가를 통해서만
우리는
하나님을 만날 수 있다.

길이다. 그러기에 하나님과의 관계가 정확하게 정립될 때에만 이웃과의 관계도 하나님의 뜻하심의 관계로 이어질 수 있게 된다. 사랑의 대상에 우선순위가 중요하다는 것이다. 주님은 말씀하신다.

네 마음을 다하고 목숨을 다하고 뜻을 다하여 주 너의 하나님을 사랑하라 하셨으니… 네 이웃을 네 자신같이 사랑하라(마 22:37-39).

하나님을 사랑하고 이웃을 사랑하며 사는 삶이 바로 십자가의 삶이다. 예수님은 그렇게 십자가의 길을 걸어 가셨고, 우리에게 그런 삶을 살라고 말씀하신다. 십자가는 하나님 사랑(ㅣ)과 이웃 사랑(ㅡ)이다. 하나님과 나와의 관계를 수직적인 이(ㅣ)로 표현한다면, 나와 이웃과의 관계를 으(ㅡ)로 표현해 본다. 그러므로 십자가는 이(ㅣ)와 으(ㅡ)를 더하는 하나님 사랑, 이웃 사랑이다.

이러한 십자가의 삶을 사는 우리들의 삶이 바로 하나님을 만나는 곳이 될 것이다. 십자가를 통해서만 우리는 하나님을 만날 수 있다. 이 십자가는 일회성으로 끝나는 것이 아닌, 매일 우리가 걸어야 할 지속적인 길이다. 십자가는 이(ㅣ)와 으(ㅡ)가 더해진 '의'다.

예(yes)

하나님의 약속은 얼마든지 그리스도 안에서 '예'가 되니
하나님의 아들 예수 그리스도는
'예' 하고 '아니라' 함이 없느니라.

예수는
'예' 하고
'수' 월하게 진리로 사신 분이다.

복음

복음은 예수 그리스도다.
복음은 존재와 사명이 만난다.
복음은 더하기와 곱하기가 만난다.
복음은 시간, 공간, 인간의 통합이다.
복음은 태초의 하나님, 천지의 하나님, 창조의 하나님이시다.

태초에 하나님이 천지를 창조하시니라(창 1:1).

십자가, 부활, 승천

하나님의 빛으로 죄가 사라지는 것이 십자가요
그리스도의 힘으로 하나님의 아들이 되는 것이 부활이요
성령의 숨으로 영원히 살게 되는 것이 승천이다.

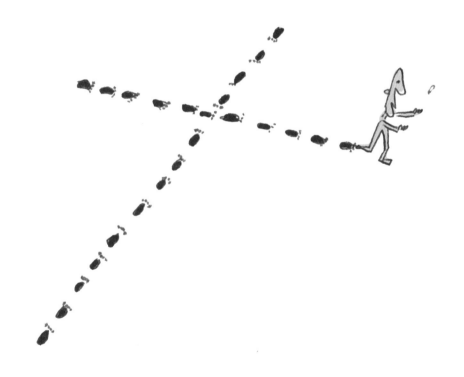

십자가와 부활

죽은 나를 떠나는 것이 십자가요
죽지 않은 나를 찾는 것이 부활이다.

내가 예수 안으로 들어가는 것이 십자가요
예수가 내 안에 들어오는 것이 부활이다.

내가 그리스도와 통하는 것이 십자가요
그리스도가 나와 통하는 것이 부활이다.

예수께서 이르시되 나는 부활이요 생명이니 나를 믿는 자는 죽어도 살겠고
무릇 살아서 나를 믿는 자는 영원히 죽지 아니하리니(요 11:25-26).

순서의 차이

하나님의 말씀은
'소금과 빛'이라고 하셨는데

우리는 무심코
빛과 소금이라고 하지 않았던가?

소금이 먼저다.
내가 사라지는 십자가가 먼저다.

나는 순서를 바꿔
빛이 되기를 원했던 것은 아닌가?

십자가 없는
부활만을 기대했던 내가 아니었던가?

소금의 십자가 되면
빛의 부활이 된다.

봄

봄이 오면 꽃이 피는가.
꽃이 피면 봄이 오는가.

천국에 가면 사랑이 되는가.
사랑으로 살면 천국인가.

봄이 와서 꽃이 피는 것은 자연의 봄이다.
그렇게 오는 것은 나의 봄이 아니다.

나의 봄은 내 안에 꽃을 피워
세상에 봄을 알리는 천국의 삶이다.

나를 믿는 자는 내가 하는 일을 저도 할 것이요
또한 그보다 큰일도 하리니 이는 내가 아버지께로 감이라(요 14:12).

집 너머의 집

음악의 집을 짓고
음악의 집에서 사는 사람은 음악가다.

교육의 집을 짓고
교육의 집에서 사는 사람은 교육가다.

영성의 집을 짓고
영성의 집에서 사는 사람은 영성가다.

사람은 모름지기 집이 있어야 한다.
과학의 집, 철학의 집, 예술의 집, 종교의 집….

집 너머 집이 또 하나 있다.
내 아버지 집.

너희는 마음에 근심하지 말라 하나님을 믿으니 또 나를 믿으라
내 아버지 집에 거할 곳이 많도다(요 14:1-2).

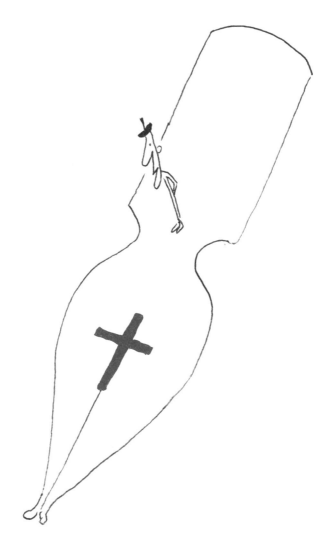

하늘나라

하늘나라는 십자가의 도요, 부활의 생명이다.
하늘나라는 이성과 경험을 초월할 때 나타나는
영의 세계요 신비의 나라다.
하늘나라는 생각 너머 직관으로 가는 빛의 세계다.
하늘나라는 자연의 죽음이 오기 전에
내가 십자가에서 미리 죽는 나라다.

바리새인들이 하나님의 나라가 어느 때에 임하나이까 묻거늘
예수께서 대답하여 이르시되 하나님의 나라는 볼 수 있게 임하는 것이 아니요
또 여기 있다 저기 있다고도 못하리니 하나님의 나라는 너희 안에 있느니라(눅 17:20-21).

사진: 최건웅

2 영성은 신비가 아니고 삶이다

만남

동정녀 마리아와 예수의 만남
세례요한과 예수의 만남

바울과 예수의 만남
예수를 예수 되게 했던 사람들의 만남

사람들이 나를 만나면
나도 그들을 작은 예수 되게 하리라.

소리와 빛

요한과 예수의 만남은
소리와 빛의 만남이다.

나는 광야에서 외치는 자의 소리(요 1:23)
나는 사람들의 생명의 빛(요 1:4)

세례 요한은 자신의 일을 하고
예수님도 자신의 일을 하셨다.

소리는 소리의 일을 하고
빛은 빛의 일을 한다.

소리와 빛은
함께 일한다.

나타남

다마스커스로 가는 바울 앞에 예수가 나타났다.
엠마오로 가던 제자들 앞에 예수가 타나났다.

38년 된 병자 앞에 예수가 나타났다.
다시 고기 잡으러 간 베드로 앞에 예수가 나타났다.

지금도 예수가 나타남은
내가 나 되기 위한 하나님의 은혜이다.

내가 나 된 것은 하나님의 은혜로 된 것이니(고전 15:10).

세례

요한이 베푼 세례
예수님이 받은 침례

세례는
모든 의를 이루는 합당한 열매다.

이는 내 사랑하는 아들이요 내 기뻐하는 자라(마 3:17).

불

성령의 불은
죄 있음을 고백하는 자들의 죄를 태운다.

심판의 불은
죄 없음을 고백하는 자들의 존재를 태운다.

기도

기도는
하나님의 숨이다.

기도는
하나님의 은혜에 대한
사람의 반응이다.

기도는
더하기와 곱하기가 만나는
하늘 십자가다.

기도의 4단계

나는 말하고 하나님은 들으시고

나는 기도하고 하나님은 응답하신다'의 의미는 3차원 의식에서의 기도와 응답이다. 선악을 알게 하는 나무의 그늘에서 기도에 대한 응답의 판단이다. 어쩌면 내 생각대로 응답을 선택하며 하나님을 이용하지는 않았는지 반문해 본다.

하나님은 말씀하시고 나는 듣고

결국 하나님의 음성을 듣는 것보다 우선시해야 할 것이 있다면 그것은 삶으로 나타나는 십자가의 열매다. 하나님의 음성을 듣고도 어떠한 반응이 없다면 결국 울리는 꽹과리가 되고 말 것이다. 하나님의 음성을 듣는 것만 중요하게 생각한다면 그것 또한 나의 생각 차원에서의 기도와 응답이 될 것이다.

나도 말하고 하나님도 말씀하시고

결국 "예수님이 떠나는 것이 너희에게 유익이라" 고 하셨다. 그래서 우리에게 실상이 되어 준 보혜사 성령님과의 소통은 죄와 의와 심판에 대하여 증거하는 것이다. 성령님은 나의 기도에 응답하실 뿐만 아니라 오직 예수만 증거하신다.

하나님도 말씀하시지 않고 나도 말하지 않고

기도가 응답되지 않음도 감사하고 기도가 응답됨도 감사하다. 일체가 은혜요 감사일 뿐이다. 생명나무의 그늘에 사는 사람들의 기도요 응답이다. 진리요 사랑이요 생명뿐이다. 나는 기도할 뿐이다(시 109:4). 아침에 내가 기도하고(시 5:3), 아침 밥상에 나를 올려놓는다.

힘

하나님이 물으신다.
네 힘으로 살래,
내 힘으로 살래?

언어

언어는
하나님과 사단의 경계선이다.

하나님을 닮을 것인가?
사단을 닮을 것인가?

하나님 학교

사람인 내가
삶을 만나서
사랑을 배운다.

나는 사람이고
예수는 삶이고
하나님은 사랑이시다.

사랑하는 자들아 우리가 서로 사랑하자 사랑은 하나님께 속한 것이니
사랑하는 자마다 하나님으로부터 나서 하나님을 알고 사랑하지 아니하는 자는
하나님을 알지 못하나니 이는 하나님은 사랑이심이라(요일 4:7~8).

또 하나의 비밀

나는 산다.
예수로 산다.

사라지면
살아진다.

내가 사라지면
예수로 살아지게 된다.

순종

주님의 뜻을
이루기 위해
열심히
일하는 것이 순종인가?

주님이
그 뜻을 이루실
그때를
기다리는 것이 순종인가?

하나님의 뜻

성령을 소멸하지 말고
항상 기뻐하라.

예언을 멸시하지 말고
쉬지 말고 기도하라.

범사에 헤아려 좋은 것을 취하고

범사에 감사하라.

이것이 그리스도 예수 안에서 너희를 향하신
하나님의 뜻이니라.

비밀

'생명(生命)과 사명(使命)'에는
비밀이 있다.

생명은 "살아라" 하는 명령이고
사명은 "일하라" 하는 명령이다.

생명에 불순종하면 생존이 되고
사명에 불순종하면 사업이 된다.

사람이 마땅히 우리를 그리스도의 일꾼이요
하나님의 비밀을 맡은 자로 여길지어다(고전 4:1).

영성

생활 속에 삶으로 나타난 성경말씀은
현장 속에 영성으로 녹아져 내린다.

영성은
신비가 아니고 삶이다.

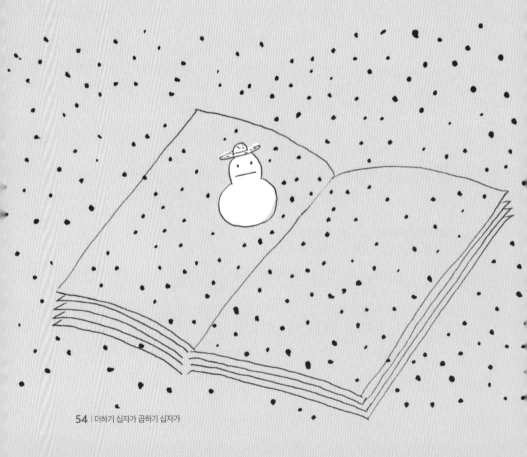

판단

성경이 말하는 최고의 영성,
판단하지 말라.

일상에서 가장 쉬운 것은
판단하는 것.

3 나를 찾아 떠나는 여행

물음

물음을 잃은 것은 멈췄다는 것이고
멈춤은 곧 죽음이다.

태초에 물음이 있었다.
내가 있어서 묻는 것이 아니다.
물음이 있어서 내가 있는 것이다.

무엇을 묻느냐가 삶이다.
어떤 물음을 갖고 사느냐가
내 삶의 가치를 결정한다.

네가 어디에 있느냐(창 3:9).
너희는 나를 누구라 하느냐(마 16:15).
네가 나를 사랑하느냐(요 21:15-19).

네가 어디에 있느냐?

하나님은 죄를 지은 아담에게
"무엇을 했느냐"고 묻지 않으시고
"네가 어디에 있느냐?"고 물으셨다.

마지막 심판 때에도 하나님은
"너는 무엇을 했느냐?"고 묻지 않으시고
"너는 누구냐?"고 질문하지 않으실까.

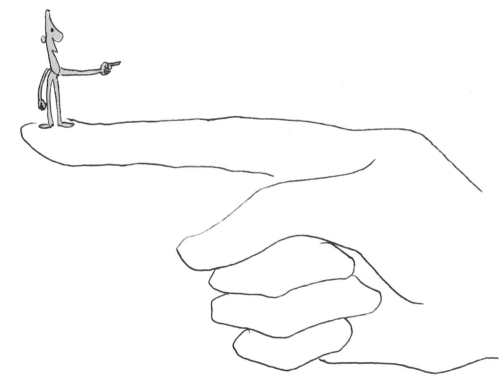

존재

하나님을 위해
내가 존재하는가?

나를 위해
하나님이 존재하는가?

영혼과 육체

영혼은 보이지 않는 몸
육체는 보이는 영혼

아인슈타인의 상대성 원리$(E = mc^2)$

에너지는 지구의 중력 파동의 배수다.
모든 종교는 에너지를 높이기 위해
생각이 몸을 지배하도록 훈련시키고 있다.

기독교는 종교의 형태만 갖고 있을 뿐
종교가 아니다.
기독교는 생명이다.

나는 누구인가?
왜 사는가?
어떻게 살 것인가?

아인슈타인(Einstein)의 상대성 원리에서
m을 zero로 할 때 에너지도 역시 zero다.
왜냐하면 사람의 재료는 흙으로부터 나온 먼지이기 때문이다.

여호와 하나님이 땅의 흙으로 사람을 지으시고
생기를 그 코에 불어넣으시니 사람이 생령이 되니라(창 2:7).

싸움

진짜 싸움은
'나' 와 싸움이다.

어제의 나
오늘의 나
내일의 나
이렇게 싸우면 누가 이길까.

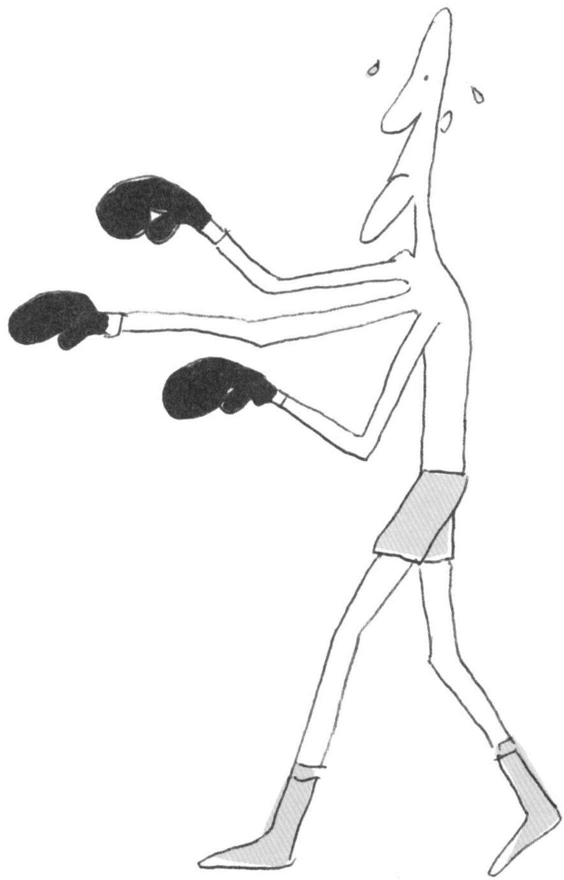

성경을 읽는 세 가지 방법

눈으로 읽는 성경
마음으로 읽는 성경
몸으로 읽는 성경.

성경은 거울

자기 얼굴을 보려고 만든 것이 거울이다.
사람만 거울을 본다.
거울 중의 거울은 성경(聖鏡)이다.

성경은 책이 아니라
하나님께서 만드신 거울이다.

지금의 나를 보라고 만들어 주신 진짜 거울이다.
성경은 읽는 것이 아니라 보는 것이다.

모든 성경은 하나님의 감동으로 된 것으로
교훈과 책망과 바르게 함과 의로 교육하기에 유익하니
이는 하나님의 사람으로 온전하게 하며
모든 선한 일을 행할 능력을 갖추게 하려 함이니라(딤후 3:16-17).

본성

하늘의 본성은 영광이고
땅의 본성은 평화이고
사람의 본성은 기쁨이다.

잃어버린 사람의 본성을 회복하여
빛과 평화 속에 기쁘게 살자는 것이
기독교의 영성생활이다.

하나님의 뜻은 쉽고 간단하다.
그것은 항상 기쁘게 살라는 것이다.
항상 기쁘고 쉽게 사는 길은 하나다.

소질을 찾고 재능을 개발하여
일을 통해 나의 나 됨을
꽃처럼 피어나게 하는 것이다.

지극히 높은 곳에서는 하나님께 영광이요
땅에서는 기뻐하심을 입은 사람들 중에 평화로다 하니라(눅 2:14).

우리는 그리스도의 편지

초대교회 사도들은 편지로
흩어진 교회의 안부를 묻고 자기의 깨달음을 전했다.
세월이 흐른 뒤 그 편지들이 모여 성경이 되었다.
사도 바울은 우리를 그리스도의 편지라고 한다.

편지는 인생이다.
편지 안에는 사람 사는 이야기가 들어 있다.
받은 편지를 봉함된 봉투째로 그냥 두고 보는 사람은
모자란 사람이요, 정신 나간 사람이다.

편지는 열어서 읽어야 한다.
그리고 답장을 해야 한다.
감사로 혹은 불평으로 답장을 쓰는 사람이 있다.
답장의 내용이 바로 자기 삶이다.

너희가 우리의 편지라 우리 마음에 썼고 뭇사람이 알고 읽는 바라
너희는 우리로 말미암아 나타난 그리스도의 편지니 이는 먹으로 쓴 것이 아니요
오직 살아 계신 하나님의 영으로 한 것이며 또 돌비에 쓴 것이 아니요
오직 육의 심비에 한 것이라(고후 3:2~3).

집중

우리가 무엇에 집중하든지
그것이 우리의 미래를 결정한다.

선택과 집중
집중과 방향.

방향

생로병사(生老病死)에 대한 인생의 방향
춘하추동(春夏秋冬)에 대한 계절의 방향

동서남북(東西南北)에 대한 위치의 방향
과학, 철학, 예술, 종교에 대한 학문의 방향

더하기, 빼기, 곱하기, 나누기에 대한 산수의 방향
오성, 이성, 감성, 영성에 대한 성질의 방향

점, 선, 공간, 자유에 대한 의식세계의 방향
찬양, 기도, 성경, 전도에 대한 사명의 방향.

삶은 해석하기 나름

삶의
능력은
해석에 있다.

지금을
어떻게
해석할 것인가?

소록도에 계신 분들은
지금을
'행복'으로 해석하셨다.

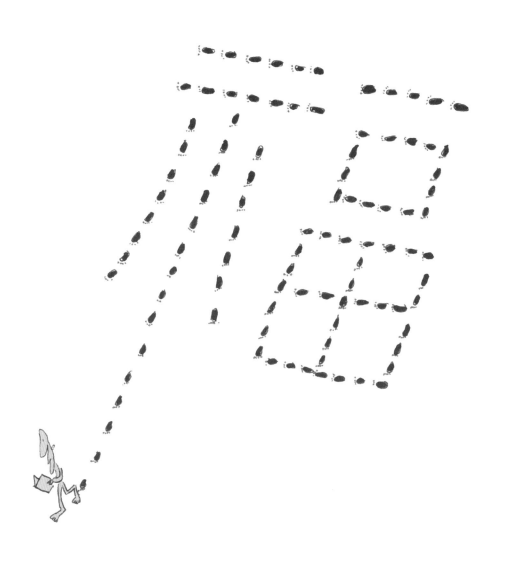

시작과 끝

불교는 고행(苦行)으로 시작해서 백팔번뇌(百八煩惱)로 끝난다.
기독교는 희행(希幸)으로 시작해서 일체 은혜, 감사로 끝난다.

불교는 용맹정진(勇猛精進)으로 시작해서 열반의 세계로 끝난다.
기독교는 '다 이루었다'로 시작해서 '그 어디나 하늘나라'로 끝난다.

불교는 육도윤회(六道輪廻)로 시작해서 지금도 돌고 있다.
기독교는 'I am nothing'으로 시작해서 끝이 있다.

게으른 사람 vs 부지런한 사람

게으른 사람은
어제의 생각을 갖고 사는 사람이다.

더 게으른 사람은
그저께의 생각을 갖고 사는 사람이다.

진짜 부지런한 사람은
내일의 생각을 오늘의 삶에서 풀어내는 사람이다.

철든 사람

때를 아는 사람이 철든 사람이다.
지금이 어느 때인지를 알아서
해야 할 일과 하지 말아야 할 일을 분별한다.

반대로 철부지는
지금이 어느 때인지 구분할 줄 몰라
좌충우돌하는 사람이다.

자기가 지금 무엇을 해야 할지
무엇을 하지 말아야 할지
언제 해야 할지를 모르는 사람이다.

율법의 때를 넘어 사랑의 때를 사는 것,
하늘의 때와 나의 때를 알고 사는 것,
이것이 철든 사람의 행복이다.

전도자가 이르되 헛되고 헛되며 헛되고 헛되니 모든 것이 헛되도다
해 아래에서 수고하는 모든 수고가 사람에게 무엇이 유익한가
이미 있었던 것이 후에 다시 있겠고 이미 한 일을 후에 다시 할지라
해 아래에는 새 것이 없나니(전 1:2-3, 9).

거듭남

사람이 이 땅에 육체를 입고 온 것은
탄생과 죽음이 있는 상대세계를 넘어
절대세계가 있음을 알아차리기 위함이다.

지구의 중력에서
하늘의 중력으로
다시 태어나기 위해서 온 것이다.

사람이 물과 성령으로 나지 아니하면 하나님 나라에 들어갈 수 없느니라(요 3:5).

사진: 최건웅

거듭난 사람

사람은 다 사람이 아니라
사람이 되어야 사람이다.

예수는 반드시 거듭나야 사람이 된다고 했다.
거듭난다는 말은 생사화복을 넘는 것이다.

생(生)은 좋고 사(死)는 나쁜 것이 아니다.
화(禍)는 나쁘고 복(福)은 좋은 것이 아니다.

생사화복은 현상이요 흐름이다.
살 때 살고, 죽을 때 죽는 것이다.

살아도 주를 위해 살고, 죽어도 주를 위해 죽을 뿐이다.
삶과 죽음은 목적이 아니라 수단이다.

우리가 살아도 주를 위하여 살고 죽어도 주를 위하여 죽나니
그러므로 사나 죽으나 우리가 주의 것이로다(롬 14:8).

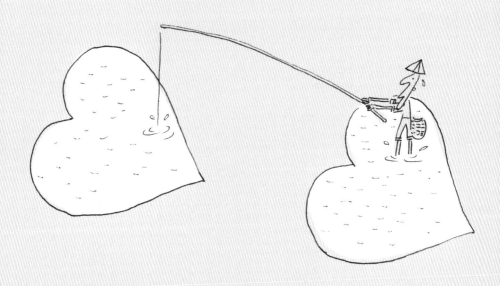

사람

세상에서
가장 읽기 어려운 책
사람

세상에서
가장 오랜
공부가 필요한 책
사람

세상에서
가장 빛나는 눈물과
가장 고요한 미소가
함께 기록되어 있는 책
사람

우리는 세상에
책을 만나려고 왔다
거룩한 책
거룩한 사람

오늘도
휘감은 구름바다를 헤치며
성경의 행간을 더듬는다.

4 소통, 삶, 나눔, 사랑

지금

두 종류의 사람이 있다.
왔다가 가는 사람이 있고
태어났다가 죽는 사람이 있다.

태어났다가 죽는 사람에게는
죽음이 사실이지만
왔다가 가는 사람에게는
죽음은 없고 변화만 있다.

그래서 사람이
어디에서 와서 어디로 가는지 아는 것은
인생 최대의 행복이다.

그것을 아는 사람은
'지금'을 산다.
성령님의 영문법 시제는 항상 현재형이다.

삶의 신비

사람들이 어디론가 기차여행을 떠난다.
그 열차가 지나가는 길목에는
푸른 호수가 있고 물소리 청정한 계곡이 있고
갈매기 울음소리 드높은 바다도 있고
파란 달이 뜨는 사막도 있고
하얗게 빛나는 설원도 끝없이 펼쳐져 있다.

그런데 그 기차에는 창문마다 커튼이 내려져 있다.
그 상태로는 바깥 풍경을 볼 수가 없다.
아무도 커튼 밖의 세상을 궁금해 하지 않는다.
그들은 오로지
'누구 자리가 더 편한가, 어디에 앉아야 좋은가…'
결국 자리다툼이 시작된다.

그들은 서로 욕하고 싸우느라 시간을 보낸다.
그런데 어느 순간 기차가 멈추면서
이제 다 왔으니 내리라는 방송이 들린다.
삶은 풀어야 할 문제가 아니라
느끼고 경험해야 하는 하늘의 신비다.

답이 없는 답

사는 것이 왜 답답할까?
'정해진 답'을 갖고 있기 때문이다.

이미 자기가 갖고 있는 정해진 그 답에
지금 일어나는 삶이 맞지 않아 답답한 것이다.

사람은 누구나 무의식중에 형성된 답을 갖고 있다.
하나님까지 내 방법대로 그 답에 끼워 맞추려고 한다.

삶에는 답이 없다.
답이 없다는 것이 삶의 답이다.

내가 율법이나 선지자를 폐하러 온 줄로 생각하지 말라
폐하러 온 것이 아니요 완전하게 하려 함이라(마 5:17).

생존

강한 자가 살아남는 것이 아니라
살아남는 자가 강한 자다.

강한 자는
끝까지 버티는 자다.

두려워하거나 비굴하지 않은
겸손한 자로 살아남아야 한다.

몸살

몸살 났다.
'몸이 살려 달라'고 소리친다.

영의 소리
혼의 소리
몸의 소리

잘 들어야 건강한 사람이다.

소통

삶은 소통이다.
통하지 않으면 죽은 것이다.
죽었다는 것은 막혔다는 것이다.

들어간 구멍이 있는데
빠져나가는 구멍이 없는 것이 병(bottle)이다.
많이 먹었는데
배설하지 못하면 변비가 된다.

살았으나 죽은 자는
하나님과 통하지 않고
이웃과 통하지 않고
자기만 생각하는 꽉 막힌 자다.

소통은 삶이다.
삶은 나눔이다.
나눔은 사랑이다.

우등생

학교에서 우등생은
상대의 단점으로 1등하는 것이다.

삶에서 우등생은
상대의 장점으로 연합하는 것이다.

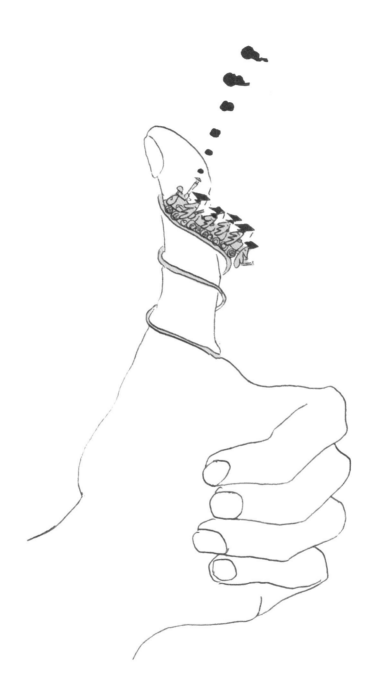

등대

등대는 경적을 울리지 않는다.
다만 빛을 비출 뿐이다.

거룩한 삶은
사람들의 가슴에 감동으로 남는다.

튜닝(tuning)

타율은 다른 사람에 의해 조정되는 삶이다.
자율은 스스로 잘난 맛에 사는 삶이다.

신율은 신에 의해 조정되는 종교인의 삶이다.
조율은 주인과 맞춰 가는 하늘의 삶이다.

삶이란

삶은 관계다.
삶은 되어감이다.
삶은 자극에 대한 응답이다.
삶은 일이다.
삶은 십자가다.
삶은 포기다.
삶은 무덤이다.
삶은 준비다.
삶은 희망이다.
삶은 사랑이다.
삶은 사람 되어, 사람 만나, 사람 되는 것이다.

숨결

모든 물질에는 결이 있다.
나무는 나뭇결이 드러나야 아름답고
돌은 결을 따라 깨고 다듬어야 아름답다.

숨에도 결이 있는데,
들숨에 탄생이 있고, 날숨에 죽음이 있다.
그 사이가 생명이다.

사람은 숨결을 따라 살아야 아름답다.
하나님은 지금도 우리 코에
자기의 숨결을 불어넣고 계신다.

여호와 하나님이 흙으로 사람을 지으시고
생기를 그 코에 불어 넣으시니 사람이 생령이 되니라(창 2:7).

사진: 최건웅

숨

숨은 쉬어지는 것이지
내가 숨을 쉬고 싶어 쉬는 것이 아니다.

나에게 나간 숨이 들어오지 못하면 죽는다.
나에게 들어온 숨이 나가지 못하면 죽는다.

내가 죽어 내가 사는 숨,
위에서 오는 숨이다.

웃음이요 하늘 숨이다.
숨님이요 성령님이시다.

가족

가족은
탄생과 죽음의 현재성이다.

가족은
삶의 시작과 마침이 있는 곳이다.

가족은
오늘을 살고 있는 나의 사랑이다

지금, 여기

세상에서 제일 쉬운 일이 있다.
미루는 것이다.

그러나 누구도 미룰 수 없는 일이 있다.
그것은 바로, 죽음이다.

죽음은
지금, 여기다.

보라 지금은 은혜 받을 만한 때요 보라 지금은 구원의 날이로다(고후 6:2).

죽음

말씀이 육신이 되는 것이
죽음이다.

말씀이 삶에 녹아지는 것이
죽음이다.

육체의 죽음이 오기 전에
말씀으로 사는 자가

죽음을 이긴
그리스도인이다.

시험

무덤에 있는 자는
시험 문제가 필요 없다.

시험이 있다는 것은
살아 있다는 증거다.

살아 있는 자는
시험을 능히 통과한다.

시험문제 출제한 분이
창조주 하나님, 내 아버지이시기 때문이다.

기죽지 말자.

영(zeo) - 0

로마 사람들에게는 0이 없었다.
그래서 작은 수에서 큰 수를 빼지를 못했다.
아라비아 사람들을 만나서 그들은 0이 있음을 배웠고
뺄 수도 있다는 자유를 알았다.

구름 너머에 맑은 하늘이 있듯이
죽음 너머에 삶이 있음을 알았을 때
사람들은 비로소 영적 존재에 대한 자유,
영이 육을 지배하는 자유를 누리는 것이 아닐까.

진리를 알지니 진리가 너희를 자유롭게 하리라(롬 8:32).

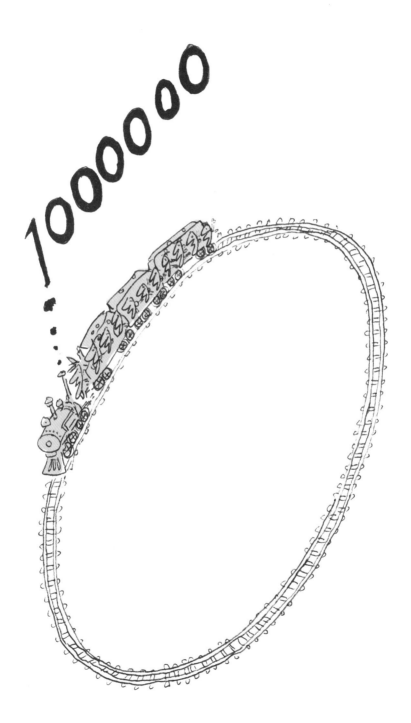

영생

영생은 오래 사는 것이 아니라
하늘의 생명으로 사는 것이다.

별세의 삶

'크다 작다', '좋다 싫다' 등의 나눔은 분별의 세계이고
선악을 알게 하는 나무의 그늘에 산다는 것이다.

육체가 있다는 말은
시간 속에서 지구의 중력에 끌려 산다는 것이다.

영적 존재라는 말은
진리 안에서 하늘중력에 끌려 산다는 것이다.

표현의 차이가 있지만
선악을 알게 하는 나무에서 생명나무로

3차원에서 4차원으로
분별의 세계에서 사실의 세계로

별세의 단어는
땅에도 속하고 하늘에도 속한다.

일상과 영성생활을 구분하지 않을 때
별세의 삶은 힘이 되는 것이다.

낮과 밤이 하루가 되듯이
삶은 하나다.

삶과 나는 하나다.
내가 삶이고 삶이 나다.

삶은 관계다
관계의 시작은
듣고 보고 말하는 것이다.

잘 듣고 잘 보고
서로 조율해 나가는 것이
별세의 삶이다.

5 사랑과 행복, 깨달음은 동사

변화 | 압력이 승화되면 | 가치 | 차원 이동 | 동사 | 개 세 마리 | 화 | 지금 | 빛의 상처 | 긍휼과 미움

| 기쁨 | 생일 | 오늘 | 달력 | 표현 | 책 | 여행 | 정오

변화

세상은 변화되고 있다.
지구의 자전과 공전, 별들의 움직임
변화하는 상황에 멈춰 있거나 퇴보하면 썩는다.
썩으면 곪아 터져 밖에 버려진다.

개인도, 가정도, 회사도, 국가도 마찬가지다.
변화할 수 있는 기회에 멈추면 썩는다.
삶을 이사하라.
변화를 추구하라.

하고 싶은 일,
해야만 하는 일
나는 지금 어떤 변화 속에 있는가?

사진: 최건웅

압력이 승화되면

충분한 온도와 적당한 압력 없이 변화는 없다.
압력을 받는 것이 기도요, 열을 받는 것이 일이다.

압력을 견디지 못해
덮은 흙을 뚫지 못하는 씨앗은
새 생명이 든 새싹을 틔우지 못한다.

충분히 열을 받고 견딜 수 없는 압력을 견디면서
끓고 끓어야 드디어 쌀이 변하여 밥이 되고
밀가루가 변하여 떡이 된다.

예수께서 광야에 나가 40일간 기도하셨다는 것은
견딜 수 없는 압력 속으로
스스로를 밀어 넣었다는 것이다.

예수께서 성령에게 이끌리어 마귀에게 시험을 받으러 광야로 가사(마 4:1).

가치

눈이 열렸다는 것은
무엇이 더 높은 가치가 있는지
볼 줄 안다는 것이다.

귀가 열렸다는 것은
무엇이 더 높은 가치가 있는 말인지
들을 줄 안다는 것이다.

입이 열렸다는 것은
어떤 가르침이 더 높은 가치인가를
말할 줄 안다는 것이다.

예수 믿고 구원받았다는 것은
내가 실현하고 싶은 가치를 발견하고
그 가치에 우선순위를 세웠다는 것이다.

사람이 떡으로만 살 것이 아니요
하나님의 입으로부터 나오는 모든 말씀으로 살 것이라 하였느니라 하시니(마 4:4).

사진: 최건웅

차원 이동

3차원과 4차원
애벌레와 나비
생각과 사실
현상과 존재
Being과 Doing
sonship과 kingship
지구중력과 하늘중력
하고 싶은 일과 해야 하는 일
선악을 알게 하는 나무와 생명나무.

개 세 마리

내 안에 있는 개 세 마리,
편견·선입견·백문불여일견(百聞不如一見).

그런데 선입견과 편견에 물리지 않으려면
'백문불여일견' 해야 한다.

길을 안다는 것과
길을 실제로 간다는 것의 차이가 여기에 있다.

편견과 선입견의 개에게는 먹을 것을 주지 말고
오직 '백문불여일견'에게만 먹을 것을 주기 위해
오늘도 개밥을 구하러 길을 떠난다.

화

화는 불이다.
화를 어떻게 사용하느냐가
자기 삶을 결정한다.

화재는 집을 태우고 산을 태운다.
화재는 너도 죽고 나도 죽인다.

그러나 불을 제대로 쓰면
어둠을 밝히는 빛이 된다.

화 에너지를 창조 에너지로 바꾸는 것이
삶의 연금술이다.

내가 불을 땅에 던지러 왔노니
이 불이 이미 붙었으면 내가 무엇을 원하리요(눅 12:49).

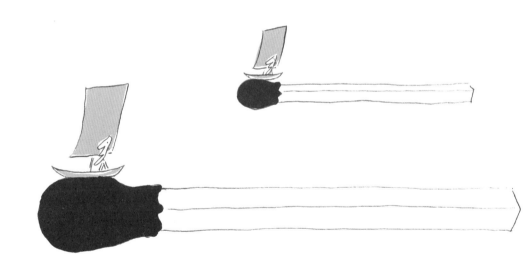

지금

어린아이는
하고 싶은 것에만 매달린다.

어른이 되면
해야 하는 일에만 집착한다.

거듭난 사람은
지금 할 수 있는 것을 한다.

보라 지금은 은혜 받을 만한 때요 보라 지금은 구원의 날이로다(고후 6:2).

빛의 상처

내가 가진 상처들은
무엇인가를 드러내려고 하는 빛이다.
상처를 가지지 않은 사람은
빛을 드러낼 수 없다.

빛이 강할수록 그림자도 강한 법.

빛이 땅에 떨어지면
상처를 입고 색을 드러낸다.

빛은 음도 양도 아니다.
빛은 색이 없다.
빛은 색을 나타나게 한다.

백색은 빛으로 꽉 차서
모든 색을 다 반사하며
흑색은 반대로 블랙홀처럼
모든 색을 다 받아들인다.

소록도 나병 환자들이 드러낸 그 빛!
나병 환자들의 빛은
십자가에 전염된 사랑의 빛이다.

그 빛이 또 다른 내가 되어 세상을 밝히고 있다.
나는 복음에 빚진 사람,
하나님이 보낸 사람의 빛이다.

긍휼과 미움

긍휼은
영적인 분별력의 결과이고

미움은
판단과 정죄의 결과다.

기쁨

힘들게 사는 사람은
힘을 들고 다니는 사람이다.

힘은 쓰라고 있는 것이다.
힘을 쓰면 빛이 나온다.

힘과 빛이 만나면
기쁨이 일어난다.

하늘의 본성은 영광이요
땅의 본성은 평화요
사람의 본성은 기쁨이다.

지극히 높은 곳에서는 하나님께 영광이요
땅에서는 하나님이 기뻐하신 사람들 중에 평화로다 하니라(눅 2:14).

생일

생일이 있다는 말은 죽음이 있다는 말이다.
태어난 날이 있으니 죽는 날이 있는 것이다.

육으로 난 것은 육이요
영으로 난 것은 영이다.

아래에서 태어난 자는 아래로 돌아간다.
위로부터 태어난 자는 위로 돌아간다.

위로부터 태어나야 생명이고 부활이고 빛이고 사랑이다.
나는 아래에서 온 자가 아니라 위에서 온 하늘사람이다.

아버지도 없고 어머니도 없고 족보도 없고 시작한 날도 없고
생명의 끝도 없어 하나님의 아들과 닮아서 항상 제사장으로 있느니라(히 7:3).

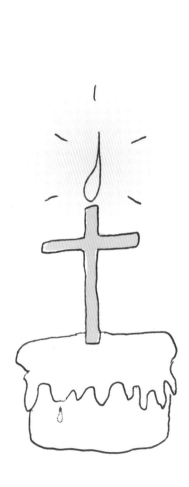

오늘

오 - 감사, 감탄, 감격, 감동이
늘 - 항상 있는 날.
오늘을 주셔서 감사합니다.

달력(calendar)

달력이 있는 나라에서
달력이 필요 없는 사람인가?

달력이 없는 나라에서
달력이 필요한 사람인가?

육이 영을 지배하는 사람인가?
영이 육을 지배하는 사람인가?

표현

말과 글로 표현할 수 있는 것이 있고
말과 글로는 도저히 표현할 수 없는 세계가 있다.

사랑, 기도, 삶, 하나님은
말과 글로 다 표현할 수 없다.

그렇지만
우리는 이 세상에 살고 있기에

말과 글로
표현해야만 한다.

"사랑합니다."
"고맙습니다."
"미안합니다."
"축복합니다."

책

몸은 밥을 먹고 살고, 생각은 생각을 먹고 산다.
어떤 음식을 먹느냐가 그 육체가 되듯이
어떤 생각을 하고 사느냐가 그 사람의 삶이 된다.

삶을 풍성하게 안내하는 밥상이 바로 책이다.
책을 통해 다른 사람의 생각을 들여다보고
더 나은 생각을 선택해서 살아보고
결국은 나를 찾고 나를 만나는 것이다.

내가 책을 읽는 것이 아니라
책이 나를 읽게 해야 한다.
산책은 움직이는 책이기에
오늘도 세상을 향해 나아간다.

여행

여행은 떠남이다.
익숙한 일상을 떠나 보는 것이다.

여행은 돌아오기 위해 떠난다.
돌아올 곳이 없이 떠나는 것은 방랑이요 방황이다.

집을 떠나는 것이 십자가요
집으로 돌아오는 것이 부활이다.

멀리 멀리 갔더니 처량하고 곤하며
슬프고 또 외로워 정처 없이 다니니
예수 예수 내 주여 지금 내게 오셔서
떠나가지 마시고 길이 함께하소서
(새찬송가 387장)

정오

태양이 머리 중심에 있을 때
정오는 그림자가 없는 유일한 시간이다.

누구나 깨어 있기만 하면
정오를 만날 수 있다.

하나님을 머리 중심에 두기만 하면
내 그림자는 감쪽같이 사라지는 은총을 맛보게 된다.

그림자는 내가 그 무엇을 한다고 해서 없어지는 것이 아니다.
하나님을 머리 중심에 둘 때 비로소 그림자 없는 삶이 되는 것이다.

예수께서 길 가시다가 피곤하여 우물 곁에 그대로 앉으시니
때가 여섯시쯤 되었더라(요 4:6).

6 생명보다 사명을 더 귀중하게

사진: 최건웅

일

나의 일은
사역을 위한 일인가,
주님의 일을 위한 사역인가?

내 아버지께서 이제까지 일하시니
나도 일한다 하시매(요 5:17).

하루

하루는 지나가는 것이 아니고
하나님 앞에 쌓이는 것이다.

만남의 통로

일은 머리로 만나고
사람은 가슴으로 만나야 한다.

일을 사명으로 만나면
사람은 사랑이 된다.

하늘 농사꾼

하늘농사꾼은
하늘씨앗을 심는다.
말씀의 온도와
찬송의 습도로
기도의 압력을 통해
믿음의 싹으로
소망의 향기를 내고
사랑의 열매를 맺는다.

태초에 말씀이 계시니라
이 말씀이 하나님과 함께 계셨으니
이 말씀은 곧 하나님이시니라(요 1:1).

일의 기쁨

영혼의 어두운 밤을 통과하니
해맑은 햇살이 기다린다.

열매를 바라보고 사역했던 나에게
일의 기쁨을 먼저 누리라고 하신다.

에베소 교회에 보냈던 책망을 듣는다.
첫사랑을 회복하라.

내 아버지께서 이제까지 일하시니
나도 일한다(요 5:17).

이제는 일의 열매를 바라보지 않고
오직 일의 기쁨으로 살라 하신다.

나의 달려 갈 길과 주 예수께 받은 사명
곧 하나님의 은혜의 증언하는 일을 마치려 함에는
나의 생명조차 조금도 귀한 것으로 여기지 아니하노라(행 20:24).

우선순위

내가 주님의
기쁨이 되어야 하는가?

주님이 나의
기쁨이 되어야만 하는가?

선교

선교는 Doing이 아니라 Being이다.
선교는 존재로부터 흘러나오는 것이다.

마태복음 28장 18~20절의 선교 위임명령에서
창세기 1장 1절의 본질로 돌아오는 것이다.

선교는 내가 하는 것이 아니라
하나님이 하신다.

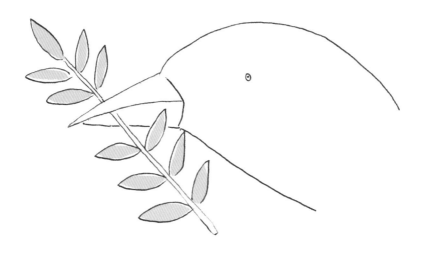

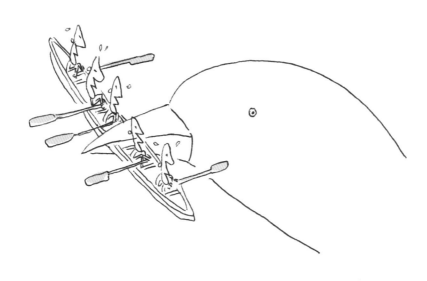

6. 생명보다 사명을 더 귀중하게 | **137**

선교사

예수 그리스도가 없는 가슴마다
선교지이고

그리스도 예수가 있는 가슴마다
선교사다.

먼저 선(先), 가르칠 교(敎), 죽을 사(死).
먼저 예수를 전하다가 죽는 자가 선교사다.

첫 번째 선교사는
말씀이 육신이 되어
이 땅에 사람으로 오신 예수님이다.

전우가 된 안해

북한에서는 아내를 '안해' 라고 쓴다.
내 안에 있는 해

바깥 날씨의 온도는 변하지만

내 안해의 날씨는 항상 해맑음이다.

십자가를 기대고 살면
무척 편하다.

십자가를 지고 가면
무척 힘들다.

예수의 십자가를 숭배하면 넓고 쉽다.
나의 십자가를 짊어지면 좁고 어렵다.

어둠 속에 길이 있다 하지만
빛이 보이지 않아 터널을 통과하기가 결코 쉽지 않다.

어둠을 살라 먹는 그 길이 힘들지만
그 어둠을 함께 밝히는 안해가 있기에 항상 쉽다.

함께 의지하며
어둠을 깨우는 사람, 안해가 나에게 있다.

그 길을 가는 사람이 여기에 있다.
'안해'는 나의 전우다.

우즈베키스탄

신혼여행을 소록도에서 보냈다.
결혼 25주년 은혼식을 맞아
아내 몰래 우즈베키스탄 비자를 준비했다.

처음으로 선교했던 그곳, 우즈베키스탄.
9.11 테러 이후에 두 번이나 추방당했던 그곳,
그래서 더욱 바울의 옥중서신이 이해가 되는 그곳,
예수의 흔적이 남아 있는 그곳.

우즈베키스탄 농아교회를 생각할 때마다
에베소서·빌립보서·골로새서·빌레몬서 말씀이 깨달아지는 그곳,
비자 거부로 그곳에 아직도 갈 수 없기에 은혼식도 사라졌다.

장애인

복을
복 되게 하는
복 있는 사람.

하나님이 보낸 이 땅의 천사들.
장애인,
오랫동안 사랑받을 존재
장.애.인(長愛人).

노동과 놀이

돈을 받고 하는 일은 노동이고
돈을 내고 하는 일은 놀이다.

장애인 사역은
노동이 아닌 놀이다.

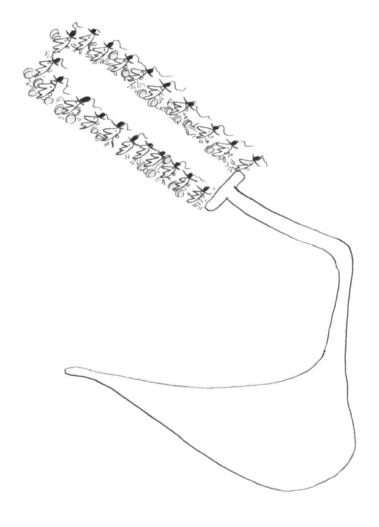

하늘 장사꾼

하나님은
세상에 사람을 보내고

사람은
세상에서
삶의 관계를 통해
사랑이 된다.

사람
삶
사랑

세상 장사꾼은 돈을 남기고
하늘 장사꾼은 사람을 남긴다.

천국은 마치 밭에 감추인 보화와 같으니
사람이 이를 발견한 후 숨겨 두고 기뻐하여 돌아가서
자기의 소유를 다 팔아 그 밭을 사느니라(마 13:44).

창세기 1장 1절

1993년 선교사로 출발하면서
'생명보다 사명을 더 귀중하게' 라는 제목으로 만들었던
기도 책갈피를 떠올려 본다.

'오늘은 예수를 깊이 생각하는 날,
오늘은 성막을 통해 영적인 종합 진단을 받는 날.'

삶의 현장에 성소와 지성소가 있는가?
나는 누구인가?
왜 사는가?
어떻게 살 것인가?

번제단으로 표현된 예수의 피가 있는가?
물두멍의 역할로 상징된 변하지 않는 말씀이 있는가?
하나님과 화목하게 하는 떡상의 예물이 있는가?

불빛 하나 없는 성소에 어두움을 밝히는 등잔이 있는가?
하나님을 일하시게 하는 향로의 기도가 있는가?
말씀을 상징하는 십계명의 돌판이 있는가?

생명의 양식으로 예표된, 만나의 돌항아리가 있는가?
성령님의 임재를 나타내는 아론의 싹난 지팡이가 있는가?

날마다 피 터지는 삶의 현장에서
성소와 지성소에 나타난 성전의 기구들을 통해
하나님과의 교제를 점검하고
지성소의 영광인 삼위일체 하나님의 임재가 지금 나에게 있는가?

선교는 마태복음 28장 18-20절의 대위임령으로도 시작하지만
결국 선교는 창세기 1장 1절에서 시작된다.
왜냐하면 새 하늘과 새 땅에 거하실 처소가 되는
요한계시록 21-22장에 하나님의 심장 박동이 머물러 있기 때문이다.

마태복음 28장 19-20절에서, 창세기 1장 1절로
넘어가는 선교를 아래와 같이 적용해 본다.

태초의 하나님은 시간이요 깬 사람이다.
천지의 하나님은 공간이요 된 사람이다.
창조의 하나님은 인간이요 산 사람이다.

모름지기 '삶은 관계'이기에
시간(時間), 공간(空間), 인간(人間)에 나타나는 틈새들을
어떻게 채우느냐가 '삶의 능력'으로 나타나기 때문이다.

그러므로 마태복음 28장 19~20절의 사역을 잠시 내려놓고
창세기 1장 1절 말씀으로 zero base에서 오늘의 선교를 시작해 본다.
세상 전체가 하나님이 거하시는 처소가 되는 그날을 위해….

7 윗동네 심방

평양

감히 기대하지 않은 삶을
은혜로 살고 있다.
평양에서 맞이한 통일금식
통일이 되면 함께 밥을 먹을 수 있겠지.

필수조건 3H

윗동네 사역에 필수조건이 되어야만 하는 3H로
통일금식을 준비한다.

Humble
Holy
Hidden

겸손함으로 하나님 앞에 나아간다.
거룩함으로 예수님을 따라 간다.
숨겨진 비밀로 성령님의 임재를 사모한다.

통일금식의 시작

남과 북의 분단 70년,
동방의 예루살렘이었던 평양의 황폐함이
벌써 70년을 훌쩍 넘어갔다.

다니엘이 예레미야서를 읽다가 9장에서
하나님이 바벨론 포로 기간을 70년(BC 650 - BC 538년)으로
설정해 두신 것을 발견하게 된다.

그때가 바로 1-2년을 남겨 둔 시기였는데
다니엘은 즉시 금식하며 기도하기 시작한다.

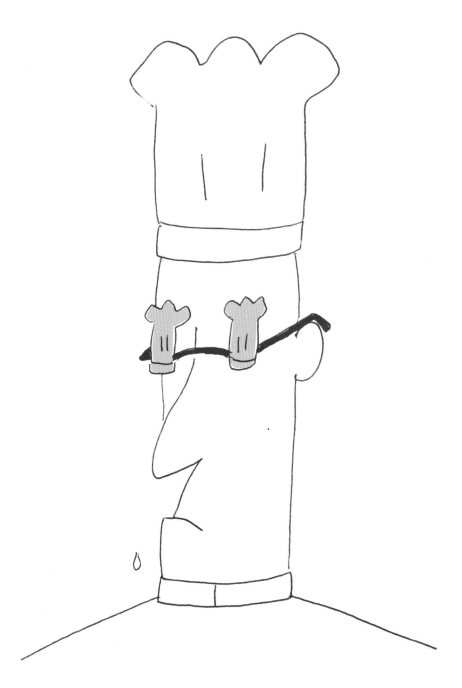

금식하는 날

금식하는 날
저녁이 되고 아침이 되는 창세기의 첫날
통일을 향한 작은 마음이 금식으로 전해져 북녘에도
저녁이 되고 아침이 되는 창세기의 첫날이 되기를 기도해 본다.

통일금식은 사랑이다

통일 연습을 실천하며 선택한 통일금식.
고난주간에 말씀 앞에 금식하고
기쁨과 생명의 부활 주일을 맞이한다.

통일금식은
먹을 것이 없어서 굶어 죽어가는 사람들을 기억하는 것이 아니라
먹을 것이 있기에 함께 나눠 먹겠다고 생각하며 굶는 것이다.

통일금식은
하나님 사랑, 이웃사랑을 합한 더하기다.
통일금식은 사랑이다.

만세

대한독립 만세, 하나님나라 만세!
통일금식은 3.1 정신을 이 시대에 이어가는 것이다.
통일금식을 할 수 있음이 은혜요 감사다.

은밀한 금식

아리랑 아리랑 아라리요
'아리랑' 노래만 불러도 눈물이 난다.

통일을 위한 금식기도
오늘은 은밀한 가운데 하나님 앞에 나아간다.

세월호와 통일금식

세월호!
이름이 주는 의미가 대단하다.
노아의 방주로 세상을 심판하신
하나님의 마음을 바라본다.

세월호는 하나님의 눈물바다에 빠져 있다.
통일호를 향한 금식,
통일호의 순항으로 하나님의 웃음을 바라본다.

장애인 스포츠 영역에서 준비하는 통일

장애인 스포츠 영역에서 사역하는 나에게 '통일, 북한사역…' 이런 단어는 나와 상관이 없는 사역이라고 생각했다. 그동안 우즈베키스탄, 카자흐스탄 농아축구팀 국가대표 감독으로 아시안게임 4회와 올림픽 2회 그리고 월드컵에 출전했다. 그런데 지난 2012년 8월, 런던 장애인 올림픽에 와일드카드(스포츠 경기에서 정규 리그가 끝난 뒤 아쉽게도 플레이오프에 진출하지 못한 팀에게 기회를 주는 제도)로 출전한 북한 장애인 수영선수 임주성의 손짓을 보았다. 무엇보다 북한의 장애인 스포츠를 국제사회에 알리기 위한 방법으로 북한 농아축구팀 창단의 필요성이 나를 불렀다. 그 일에 응답하여 북한을 다녀왔고, 북한 장애인 사역에 헌신할 수 있게 되었다.

평양을 방문했던 나는 한반도 땅이 휴전선의 철조망으로 허리 신경이 마비된 장애인 국가로 인식되기 시작했다. 요한복음 5장의 38년 된 중풍병자가 이스라엘이요, 대한민국임을 알아차리게 되었다. 왜냐하면 하나님과 씨름하여 환도뼈가 부러졌던 야곱이 이스라엘의 시작이 되었고, 대한민국 역시 아직도 38선(휴전선)이라는 분단된 현실을 38년 된 중풍병자로 느낄 수밖에 없었다.

물론 나의 생각은 틀릴 수도 있다. 그럼에도 불구하고 3차원 의식으로 가득한 이 세상은 1등하는 사람만 살아남는 정글의 법칙이 적용되고 있다. '은혜의 연못'으로 해석되는 베데스다는 햇빛, 공기 등 일반 은총을 잊고 사는 우리에게 주는 경고의 메시지가 아닐까 싶다.

베데스다 연못에 많은 병자, 맹인, 다리 저는 자, 혈기 마른 자들이 누워 물의 동함을 기다리고 있다. 먼저 들어가는 자는 어떤 병에 걸렸든지 낫게 되는 관습에 적용되어 살고 있

하나님은 나에게
북녘밀알을
선물로 주셨다.
북녘에 밀알을 심는
통일연습 5가지
(통일금식, 통일예배,
통일성경, 통일저금통,
통일선교사)를 통해
통일을 준비하고 싶다.

는 베데스다 연못. 예수님은 그곳에 찾아가 38년 된 병자에게 이렇게 질문한다.

"네가 낫고자 하느냐?"

이 질문 앞에 38년 된 병자는 "예, 낫고 싶습니다" 이렇게 답변을 하지 못한다. 시간이 많이 흐른 탓인지 38년 된 병자는 낫고 싶다는 생각을 잊어버린 것은 아닌가. 그는 변명하고 있다. "주여, 물이 동할 때에 나를 못에 넣어 줄 사람이 없어 내가 가는 동안에 다른 사람이 먼저 내려가나이다." 지금이 좋다고… 이렇게 구걸해서 사는 지금의 삶이 좋아서 낫고 싶어 하는 것을 잊었다고 변명하고 있다.

평양의 해방산 호텔에 찾아오신 성령님은 동일하게 요한복음 5장의 질문을 하셨다.

"네가 통일을 이루고자 하느냐?"

"나는 북한을 잘 모릅니다. 나는 지금이 좋습니다. 우즈베키스탄과 카자흐스탄에서 해야 할 일이 많습니다…." 변명하고 있는 나의 모습은 38년 된 병자의 모습이었다. 수평으로 이동하는 나에게 성령님은 수직적인 말씀으로 나를 일으키셨다. "일어나 걸어가라. 네 자리를 들고 일어나 걸어가라"고 말씀하셨다.

오랫동안 해 왔던 '나의 자리, 농아축구팀.' 이렇게 주님의 임재 가운데에 시작하게 된 것이 북한 농아축구팀의 시작이다. 그날 이후로 심장의 반쪽을 북한에 남겨 놓고 온 듯, 숨 쉬는 것이 어렵게 느껴진다. 바라기는 남북한 장애인들의 스포츠 교류를 통해 장애인 국가를 회복시키는 통일 사

사진: 최건웅

역에 장애인들도 쓰임받기를 원한다.

"그러나 나의 나 된 것은 하나님의 은혜로 된 것이니 내게 주신 그의 은혜가 헛되지 아니하여 내가 모든 사도보다 더 많이 수고하였으나 내가 아니요 오직 나와 함께하신 하나님의 은혜로라"(고전 15:10).

북한을 다녀온 후에 하나님은 나에게 북녘밀알(통일연습 5가지)을 선물로 주셨다. 북녘에 밀알을 심는 통일연습 5가지(통일금식, 통일예배, 통일성경, 통일저금통, 통일선교사)를 통해 통일을 준비하고 싶다. 진짜 시합에서 이기려면 연습을 잘해야 한다. 진짜로 통일한국에서 잘 살기 위해서는 이미 시작된 통일을 연습해야만 한다.

축구의 기본은 패스에 있다. 공을 홀로 갖고 있으면 빼앗기곤 한다. 잘하는 선수는 정확한 위치에서 준비된 선수에게 빨리 패스할 때 승리를 함께 경험할 수 있다. 하나님의 사랑을 몸소 체험한 장애인들과 함께 북녘 땅에 하나님 사랑, 이웃 사랑을 패스하는 북녘 밀알이 되어 통일에 불을 붙이고 싶다. 남과 북이 하나 되어 하나님의 웃음에 반응하는 그날을 꿈꾸면서 오늘도 통일을 준비하는 장애인들과 함께 땀을 흘린다.

큰일이 아닌 위대한 일

새해를 맞이하는 통일금식의 자세는
큰일이 아닌 위대한 일을 향한 발걸음이다.

아흔아홉 마리의 양을 우리 안에 넣는 일이 큰일이라면
잃어버린 한 마리의 양을 찾아 나서는 일은 위대한 일이다.

주님.
이 땅의 통일 준비에
큰일이 아닌 위대한 일을 감당하도록 은혜를 부으소서.
Not big, to great.

밥 먹어요

금식은 이웃을 얻기 위함인데
오늘은 이웃을 얻기 위해 밥을 먹는다.

"아버지…
밥 좀 먹게 통일 좀 되게 해 주세요."

팔고, 사고

에서가 야곱에게
팥죽 한 그릇에 팔아넘긴 이스라엘 장자권.

금식으로 살 수 있는 남북의 통일,
통일금식은 주님의 은혜다.

생수의 강

한 달 동안 4킬로그램이 빠졌다.
청년의 때에
군인이었던 나의 모습 앞에 서 본다.

밥을 먹고 힘을 얻어
눈덩이처럼 쌓인 일들이
하늘의 빛에 녹아지기를 소망한다.

녹아내린 눈물이
사람을 살리는 생수의 강이 되도록
통일금식을 시작한다.

8월의 부활

8월은 우리에게 큰 의미를 주는 달이다.
8월 15일 광복절은 일본으로부터 우리의 주권과 땅,
그리고 육신의 자유를 얻었던 날이다.

허리에 38선의 커다란 못이 박혀 있는 지금의 대한민국,
그 못으로 인해 남과 북은 고난과 아픔을 갖고 살아간다.
그 못으로 인해 남과 북은 회개의 눈물을 흘리며 살아간다.
그 못으로 인해 남과 북은 십자가를 바라보며 살아간다.
그 못으로 인해 남과 북은 금식하고 기도하며 살아간다.

38선이라는 허리에 박혀 있는 못을 빼어냄으로
남과 북이 영적으로 회복되는 8월의 부활을 맞이하면 좋겠다.

먹히는 밥

두 달여 동안 몸무게가 7킬로그램 빠졌다.
내일 모레 윗동네 심방을 떠나야 하기에
오늘은 저녁을 먹었다.

육이 영을 지배하는 자, 영이 육을 지해하는 자.
생명의 떡으로 이 땅에 오신 예수님,
생명의 밥으로 이 땅에 오신 예수님.

사람들에게 먹히기 위해 이 땅에 오신 예수님,
먹혀야만… 죽어야만… 살릴 수 있는 하늘의 법으로
십자가에서 온전히 먹히신 예수님.

통일금식 이후에 밥상에 올라온 음식들이
우리에게 온전히 먹혀서
그것을 먹은 자들이
이제 세상의 밥이 되는 것처럼

사람들이 살아나는 힘의 원천이신
예수 그리스도의 삶을 따라가는
먹히는 밥, 생명의 밥, 살리는 밥….

나도 이제 밥이 되어
사람들을 살려주는

하늘의 밥이 되겠다고 다짐해 본다.

"통일의 밥이 되겠습니다.
최소한 5천 명을 먹이고도 남는 하늘나라 장사꾼으로
먹히는 밥이 되어 이웃을 얻겠습니다."

목사 선생

남쪽 여수에 북한 성도의 배고픔을 생각하며
30여 년간 오전 금식하시는 목사 선생이 있다.

예수 믿는 사람들이
하나님 사랑, 이웃 사랑을 실천했다면
북한은 좀 더 달라졌을 것이라고 항상 말씀하셨다.

윗동네 심방 이후에 목사 선생을 만났더니,
살이 쭉 빠져 있었다.
개성공단이 폐쇄된 이후에 할 수 있는 일이 없어서
일일일식(一日一食)한다고 하신다.

목사 선생은
하나님의 은혜와 자기 부인의 십자가 삶을
날마다 반복하고 계신다.

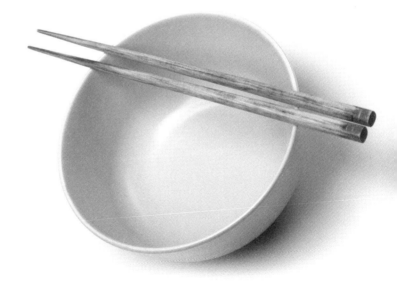

산상수훈의 통일금식

하나님 나라 학교에 입학한 학생으로
나는 몇 학년 몇 반 학생이고
수업목표는 무엇인지 자문해 본다.

1학년 수업목표 - 행복해라 | 심령이 가난한 자여 | 천국이 너희 것이다.
2학년 수업목표 - 애통하는 자여 | 위로를 받을 것이다.
3학년 수업목표 - 온유한 자여 | 땅을 기업으로 받을 것이다.
4학년 수업목표 - 의에 주리고 목마른 자여 | 배부를 것이다.
5학년 수업목표 - 긍휼히 여기는 자여 | 긍휼이 여김을 받을 것이다.
6학년 수업목표 - 마음이 청결한 자여 | 하나님을 볼 것이다.
7학년 수업목표 - 화평케 하는 자여 | 하나님의 아들이라 일컬음을 받을
　　　　　　　　　것이다.
8학년 수업목표 - 의를 위하여 핍박을 받는 자여 | 천국이 너희 것이다.

오늘의 '통일금식'의 key word는
1학년과 8학년에게만 주어진 '천국'이다.

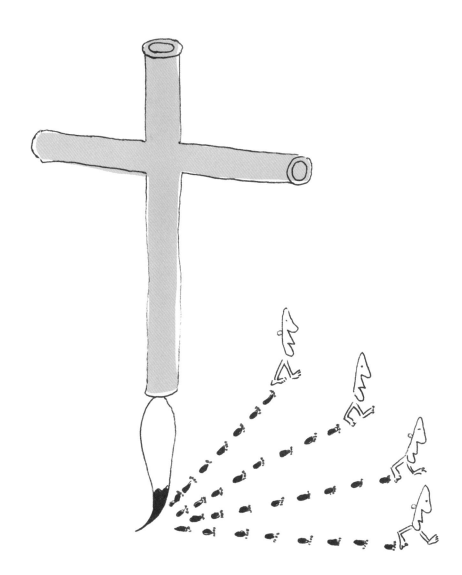

윗동네 심방

"내 뼈 중의 뼈요 살 중의 살이라."
'내 안에 있는 해' 당신이 바로 나다.
또 다른 나를 '해' 라고 표현하다니 생각할수록 감동이 된다.

대북 제재의 복잡한 상황에서도
사명을 따라 윗동네 심방을 떠나보내는
아내의 지금 마음날씨는 어떨까.
맑음, 흐림, 비가 왔다가 맑음, 아니면 천둥 번개를 동반한 소나기….

윗동네 심방을 갈 때마다 아내는 꼭 나에게 묻는다.
하나님이 어떤 말씀을 주셨냐고….
어떤 말씀을 붙잡고 윗동네에 가냐고 항상 묻는다.

여수에 계신 목사 선생이 언젠가 나에게 두 가지 질문을 하셨다.
"이민교 선교사, 왜 북한사역을 해?"
"일을 하려고…? 아니면 사람들을 사랑하려고…?"
나는 오늘도 이 질문 앞에 서 본다.

윗동네 심방 중에 하나님은
찬송가로 주의 임재를 증명해 주셨다.

어저께나 오늘이나 어느 때든지 / 영원토록 변함없는 거룩한 말씀
믿고 순종하는 이의 생명 되시며 / 한량없이 아름다운 기쁜 말일세

풍랑 이는 바다 위로 걸어오시고 / 갈릴리의 험한 풍파 잔잔케 하고
겟세마네 동산에서 우리 위하여 / 눈물짓고 기도하신 고난의 주님

허물 많은 베드로를 용서하시고 / 의심 많은 도마에게 확신 주시고
사랑하는 그의 제자 가슴에 안고 / 부드러운 사랑으로 품어 주셨네

엠마오로 행하시던 주님 오늘도 / 한결같이 우리 곁에 함께 계시고
우리들을 영접하러 다시 오실 때 / 변함없는 영광의 주 친히 뵈오리

어저께나 오늘이나 영원 무궁히 / 한결같은 주 예수께 찬양합니다
세상 지나고 변할지라도 / 영원하신 주 예수 찬양합니다

(새찬송가 135장)

8 더하기 통일

목적

산업화 시대는 가난의 극복이 목적이었다.
민주화 시대는 민주화의 투쟁이 목적이었다.
우리가 맞이해야 할 통일시대는 한반도의 회복이 목적이다.

평양 봉수교회

너무 크다.
너무 좋다.
너무 춥다.

섯

평양의 길거리에
'섯'
이라는 표지판이 있다.

멈추는 것은
바깥으로 향하던 에너지를
나에게로 맞추는 것이다.

떠나 있는 나를
찾아내는 순간이다.

일단 멈춤
'섯'
stop.

평양 마라톤 대회

마라톤은
누구나 시작할 수 있다.

그러나
42.195킬로미터를 완주하는 사람은
몇이 안 된다.

열심히 달리는 사람
멈추지 않고 달려온 사람
이런 사람들만이 완주하게 된다.

매일 달리는 사람이
무서운 사람이다.

그것이
자기를 사랑하는 길이고
자기 십자가를 지고 예수를 좇는 사람이다.

나는
이런 사람이 되고 싶다.
하나님이 '보시기에 심히 좋았더라'고
말씀하시는 사람,
끝까지 달리는 사람.

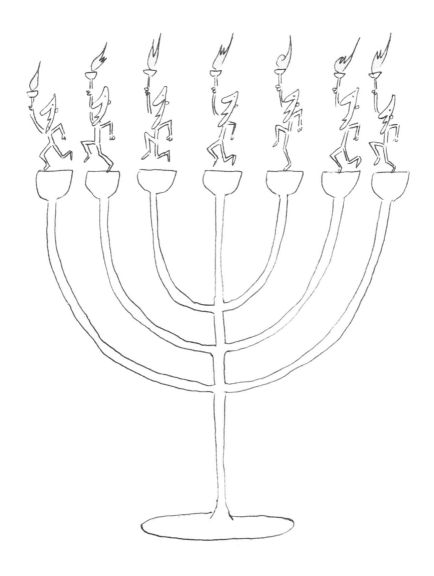

상승 기류

온탕, 냉탕, 온탕, 다시 냉탕으로.
오늘은 이곳 내일은 저곳,
윗동네, 아랫동네, 옆 동네.

긴박한 상황에서 하늘 중심으로
담대하게 버틸 수 있음에 감사하며
오늘도 북녘에 밀알을 심는다.

새벽을 깨우는 행복이
피 흘림이 없는 복음적 통일 준비에
희망이 되고 있다.

아버지의 자식 사랑을 넘어
할아버지가 손자를 사랑하는 마음으로 살고 싶다.
수평바람이 아닌 수직바람에 머물고 싶다.

사람 보기에 좋은 모습이 아니라
하나님만 보시기에 심히 좋은 사람으로
끝까지 남고 싶다.

언약과 계약

목숨이 담보가 된 것은 언약이고
물질이 담보가 된 것은 계약이다.

New Korea 사역이
천(天)·지(地)·인(人)의 관계 속에서
언약으로 이어지기를 기도한다.

내 주와 맺은 언약은 영불변하시니
그 나라 가기까지는 늘 보호하시네
주님을 찬송하면서 할렐루야 할렐루야
내 앞길 멀고 험해도 나 주님만 따라가리
(새찬송가 370장)

북한의 만우절

북한에도 4월 1일 만우절이 있다.
평양호텔 문을 두들기며 "통일이 왔어요. 통일이…"
이렇게 외치고 싶었다.

그러다가 잡히면 '오늘이 만우절'이라고 하면 어떻게 될까, 상상해 본다.
3월의 매서운 꽃샘추위가 끝나고 이제 희망찬 4월의 아침을 맞이한다.
4월의 대동강 아침은 여느 때와 다른 느낌이다.

애완견과 함께 운동하는 북조선 여인에게 내가 물었다.
"개가 몇 살이에요?"
"네 년이요."

질문이 다르다는 것을 알아 차렸다.
개를 인격체로 보고 몇 살이냐고 질문한 나의 실수였다.
그들은 애완견인 개 역시 물건으로 보고
몇 살이 아닌, 몇 년이 지났다고 답한다.

개를 인격체로 생각하는 문화 속에서의 질문을 생각하면서
생각 너머에 계신 하나님을 오늘도 삶의 현장에서 만나 본다.

"통일이 되었습니다. 통일이 되었어요"라는 만우절의 첫 음성이
현실로 다가오는 그날을 꿈꾸며
북한의 중심, 평양에서 4월의 통일금식을 의미 있게 보낸다.

북한, 중국, 한국

생일(生日)은 태어난 날이다.
태어난 사람은 죽음이 있다.

태어났다가 죽는 사람이 있고
왔다가 다시 본향으로 돌아가는 사람이 있다.

나의 생일은 어머니의 자궁에서 태어난 육체의 날이다.
지구복인 육체의 옷을 입고 지구를 방문한 날이다.

하늘이 열리던 그날에 나는 또 다른 나를 만났다.
태어나 본 적도 없고, 그래서 죽음이 없는 나를 만났다.

지구복을 입고 살아온 지 50년이 되는 오늘의 생일은 특별하다.
아침은 북한 평양에서
점심은 중국 심양에서
저녁은 대한민국 서울에서
밥을 먹었다.

빛과 어두움

빛과 어두움은 싸워 본 적이 없다.
빛은 항상 어두움을 이긴다.

어두움 역시 한 번도 빛을 이겨 본 적이 없다.
그런데 작은 빛은, 큰 어둠을 물리칠 힘이 없다.

나의 작은 빛
촛불 되어 북녘 땅에 사랑으로 녹아내리고 있다.

때가 차매

통일의 때가 꽉 차는
그 시점은 언제가 될까?

이 일에 나의 역할은
때를 꽉 차게 하는 역할인가?

아니면 꽉 찬 그때에
이루어진 일들을 나누는 역할인가?

통일

통일은 이미 시작되었다.
통일은 기다리는 것이 아니라
우리가 함께
만들어 가는 것이다.

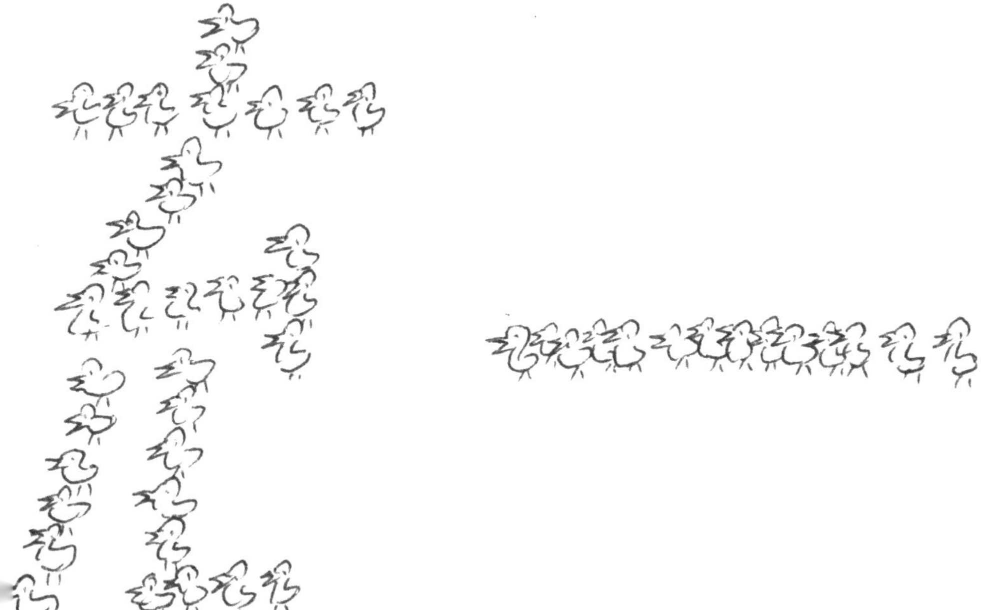

독일 통일에서 배우는 교훈

1989년 가을, 동독에서 반정부 시위가 확산되자 당국은 이를 무마하기 위해 여행자유화 정책을 내놓기는 했으나 실상은 여권 발급 기간 단축 이외에 별다른 내용을 담고 있지 않았다. 1989년 11월 9일 저녁, 이를 발표하는 TV 기자 회견장에서 이탈리아 기자가 "언제부터 국경이 개방됩니까?"라고 물었을 때, 이를 "새로운 여권 발급 정책이 언제부터입니까?"로 잘못 알아들은 동독의 정치국원은 '지체 없이, 즉시'(Sofort, unverzuglich)라고 발표해 버렸다.

이 단순한 헤프닝은 TV를 통해 동독 전역으로 방송되었고, 동독 주민들은 그 즉시 국경으로 달려갔다. 국경에 몰려든 수많은 주민들을 막기 위해 동독군이 할 수 있는 일은 아무것도 없었다. 초소의 지휘관은 결국 국경의 문을 열 수밖에 없었다. 같은 소식을 들은 서베를린의 서독인들은 망치와 곡괭이, 그리고 포크레인까지 동원하여 베를린 장벽을 부수기 시작했다.

반세기 이상 독일을 분단시키고, 동독을 탈출하려던 수많은 동독 주민들을 희생시킨 장벽은 하룻밤 만에 무너졌다. 이 극적이고 동화 같은 이야기는 우연이 아니다. 오랫동안 지속되어 온 각고의 노력의 결과였다. 결정적인 순간에 동독 주민들은 자신들의 체제를 버렸으며, 서독체제를 받아들이는 데 주저하지 않았다. 중요한 것은 통일 당시 서독이 세계 최고 수준의 경제력을 지니고 있었고, 선진 민주주의 체제와 투명한 시민사회를 형성하고 있었다는 점이다.

그러나 동독 주민들이 서독을 신뢰한 더 중요한 이유는 분단 전 기간에 걸쳐 서독이 동독 주민들을 배려하는 정책을 시행했다는 점이다. 서독은 동독 주민들의 고통을 경감시키는 정책이라면 조건을 달지 않고 시행했다. 프라이카우프로 명명

반세기 이상
독일을 분단시키고,
동독을 탈출하려던
수많은 동독 주민들을
희생시킨 장벽은
하룻밤 만에 무너졌다.
이 극적이고
동화 같은 이야기는
우연이 아니다.
오랫동안 지속되어온
각고의 노력의 결과였다.

된 비밀사업은 1963년부터 베를린 장벽이 허물어진 1989
년까지 3만 3,755명의 동독 정치범을 서독으로 이주시켰으
며, 34억 6,400만 마르크(약 15억 달러) 규모의 대가를 동
독에 지급했다.

동독 반체제 인사 1명을 데려 오기 위해 서독은 당시 1인당
국민소득의 5배에 달하는 대가를 지불했다. 1975년부터 통
일 직전까지 서독은 공식, 비공식 형태로 매년 52억 DM(약
23억 달러) 규모의 물품을 동독으로 이전했다. 서독 정부의
동독에 대한 공식적 재정 지원 이외의 비공식 지원은 연 평
균 34억 6,000만 DM으로 전체의 2/3를 넘었다.

동독에 대한 비공식 지원은 서독인이 동독 방문 시 제공한
금품(연 10억 DM), 동독의 친지들에게 발송한 소포 물품(
연 7억 5천만 DM), 서독교회의 동독교회 지원(연 8,500만
DM) 등을 포함하고 있다. 서독의 정부와 민간은 동독 주민
을 위한 정책적 노력을 지속적으로 경주했으며, 서독에 대
한 동독 주민의 신뢰는 거저 얻어진 것이 아니었다.

아리랑

아리랑 아리랑 아라리요
아리랑 고개로 넘어간다
나를 버리고 가시는 님은
십리도 못 가서 발병난다

'아리랑'의 변주곡
'나를 버리고 가시는 님은
십리도 못 가서 발병난다'는
북한 사람들의 아우성으로 들린다.

지금이 좋다고 여기에서 멈추려면
통일이 안 되어도 된다.
그러나 더 발전하려면 통일이 되어야만 한다.
아시아의 중심을 넘어 세계의 중심이 되어야만 한다.

동아시아의 변두리 국가에서
세계의 중심 국가로 탈바꿈해야만 한다.
이것이 통일이 되어야만 하는 이유다.

장애인의 날

4월 20일은 한국 장애인의 날
6월 18일은 조선 장애인의 날
12월 3일은 세계 장애인의 날

허리신경이 마비된 장애인 국가
38년 된 중풍병자 대한민국
일어나 걸어가라.

Global Blessing

전쟁은
내가 너의 소중한 것을
먼저 빼앗고
너의 목숨을 가져오고

통일은
내가 나의 소중한 것을
먼저 내어주고
너의 마음을 가져오고

평화는
나를 주고
너를 만나
하나가 되는 것이지.

삼일절에 찾아온 통일

독립이 어제의 과제였다면
통일은 오늘의 시험이리라.

독립이 어제의 피 흘림이었다면
통일은 오늘의 사랑이리라.

독립이 어제의 투쟁이었다면
통일은 오늘의 자유이리라.

독립이 어제의 무궁화였다면
통일은 오늘의 진달래이리라.

무궁화 꽃,
진달래꽃이 피었습니다.

해방, 광복 70년

시차도 없는 나라인데 북한만 다녀오면
몸의 배터리가 방전되곤 한다.

예수님의 예루살렘 탄식을 묵상하고 또 묵상한다.
어제와 오늘, 내가 귀신을 쫓아내며 병을 낫게 하다가
제삼일에는 완전하여지리라.

그러나 오늘과 내일과 모레는
내가 갈 길을 가야 하리니
선지자가 예루살렘 밖에서는 죽는 법이 없느니라.

2015년을 기점으로
북한은 해방 70년을 기억하고
한국은 광복 70년을 기억하는 표현을 사용하고 있다.

남북한의 영적인 시차

사울이 바울이 되는 변화 속에 찾아온
영적인 시차는 얼마나 될까?

피 흘림이 없는 복음적 통일을 꿈꾸는
한반도의 영적인 시차는 어떻게 될까?

미국의 영적 시간을 21시로 본다면
한국의 영적 시간은 15시
중국의 영적 시간은 북경 09시, 우루무치(서북지역)는 06시
중동의 영적 시간은 03시
북한의 영적 시간도 03시

영적 분별력이란
하나님의 시간을 아는 것이다.
한국과 북한의 영적인 시차는
12시간이다.

때가 아직 낮이매 나를 보내신 이의 일을 우리가 하여야 하리라
밤이 오리니 그때는 아무도 일할 수 없느니라(요 9:4).

통일신학

바울신학으로 기독교가 형성이 되었다면
요셉신학으로 남북이 통일되고
요한신학으로 열방을 섬기고 선교하는 대한민국이 되면 좋겠다.

아브라함은 하나님의 말씀에 믿음으로 순종했고
야곱은 하나님의 말씀에 개인의 욕망으로 욕심을 부렸고
요셉은 하나님의 말씀에 용서와 사랑으로 이스라엘을 세워 갔다.

먼저 이 땅에 요셉신학으로 남북이 회복되면 참 좋겠다.
통일신학은 용서와 사랑이다.

삶의 정수(精髓)

태초에 말씀이 있었다.
태초에 삶이 있었다.
태초에 관계가 있었다.

태초에 사랑이 있었다.
태초에 하나가 있었다.
태초에 통일이 있었다.
통일된 나라 대한민국이 있었다.

그러나 지금은 반쪽 나라
허리 신경이 마비된 장애인 국가
삼팔선이라는 허리 신경이 마비된 중풍병자와 같은 나라
내 조국, 내 민족,
내가 태어난 땅, 내 어머니….

돌아가자
태초로
Come Back
하나 된 코리아
One Korea

대한민국에 말씀이 있었다.
대한민국에 삶이 있었다.

대한민국에 관계가 있었다.
대한민국에 사랑이 있었다.

내가 이 땅에서 숨을 쉬고 있음은
실로 어마어마한 일이다.
나의 과거, 현재, 미래가
숨 속에 있기 때문이다.

땅에서 내 뱉은 숨은 이미 하늘이 되어
하늘 숨,
위에서 온 숨,
하늘 웃음을 짓는다.
통일이 되었다고….

그래도 희망이 있다

1945년의 국토분단에 70년을 더하면 2015년, 심령의 통일이다.
1948년의 정부분단에 70년을 더하면 2018년, 정부차원의 통일이다.
1953년의 민족분단에 70년을 더하면 2023년, 국가연합의 통일이다.

단순한 숫자적 의미에 불과하겠지만, 그래도 희망이 있다.
한반도에 통일의 불씨가 타오르고 있으니까.

사진: 최건웅

나의 사마리아

사마리아 땅에서
또 한권의 책에 화룡점정(畵龍點睛)을 찍는다.

예수님께서 열두 제자를 파송하면서
제자들에게는 '사마리아'에
들어가지 말라고 하셨는데(마 10:5-6)

이제는 예수님께서 '사마리아'를
통과하겠다 하시고(요 4:4),
성령님도 '사마리아'뿐 아니라
땅 끝까지 이르러 내 증인이 되라고 하신다(행 1:8).

사마리아
가고 싶지 않는 그곳
그렇지만 꼭 가야만 하는 그곳
나의 사마리아.

『더하기 십자가
곱하기 십자가』

책을 통해
사마리아에서 영생하도록 솟아나는 샘물을
함께 마시고 싶다.

그동안 몸으로 땅을 일구어 가는 놀이를 넘어
이제는 사마리아를 통과하는 거룩한 삶을 통해
하늘에 떨어지는 무한을 만나는 하늘사람, 나(我)이고 싶다.

산은 그대로 있고
구름은 왔다 가고

주님은 없는 듯 항상 계시고
나는 있는 듯 이곳에 없고

산 속에 살았던 물고기가 바다를 만나
복음에 빚진 사람으로
하나님이 보낸 사람으로

"주님이 하셨습니다.
주님이 하십니다.
주님이 하실 것입니다"라고 고백하는
사람이고 싶다.

'손으로 말하는 사람들'을 소개합니다!

손짓사랑은 장애인들을 하나님의 형상으로 회복하는 하나님의 일입니다.
손짓사랑은 3중 선교(중국-중앙아시아-중동)의 작은 등불입니다.
손짓사랑은 통일한국의 새로운 북녘밀알입니다.

손짓사랑 공동체

'복음에 빚진 사람' 이민교 선교사와 함께하는 '손으로 말하는 사람들'(이하 손짓사랑)은
이슬람 땅의 장애인들을 하나님의 형상으로 회복하며 잃어버린 자를 찾으러 오신
아버지의 사랑을 보여 주는 사랑의 공동체입니다.

'손으로 말하는 사람들'은 농아축구팀과 일터교회 사역을 통해 장애인들의
현실 참여를 돕는 소망의 공동체이며, 헌신된 장애인들을 교육하고 훈련하여 파송하는
믿음의 공동체입니다. 손짓사랑의 사역에 기도와 사랑으로 함께해 주시기를 부탁드립니다.

사진: 최건웅

후원방법

· 손짓사랑 후원 계좌: 하나은행 630-008596-804(예금주: 손짓사랑)
· 손짓사랑 홈페이지: www.gbkorea.org
· 저자 이메일: newkorea38@gmail.com

· 이민교(선교사명: 이민족) 선교사 소속 선교단체 소개 및 연락처
  GP선교회 - Global Partners <www.gpinternational.org>
  한국 본부: 서울시 송파구 새말로 8길 17 (02-443-0883)
  미주 본부: 10582 Katella Ave Anaheim, CA 92804 (1-714-774-9191)
  브라질 본부: CX.Postal 2583, CEP 08780-970. Mogi das Cruzes, SP. Brasil(55-11-4727-2262)

· 사단법인 민족통일에스라운동협의회
· Global Blessing Incorporated
  Bank Name: ANZ Bank. B.S.B: 012321 Account No: 407727295
  Swift code: ANZBAU3M
  Address: shop 6, 506 Old Northern rd., Dural, NSW 2158